King Chefs and Drag Queens

Pour information

Dans un souci d'inclusivité, ce livre a été rédigé en respectant une charte d'écriture inclusive créée spécialement pour le label Pride First. Le point médian pour allier féminin et masculin, ainsi que les pronoms neutres et les tournures épicènes ont été désignés comme règles de préférence. Nos choix tentent d'allier inclusivité et lisibilité.

Les sujets queers évoluant rapidement, il est possible que, depuis la publication de cet ouvrage, des termes, tournures et informations aient changé. Nous faisons le maximum pour mettre à jour ces éléments au fur et à mesure des impressions, mais comptons sur votre bienveillance et votre compréhension du fait que chaque livre est publié dans un contexte socioculturel qui lui est propre et intrinsèquement daté.

Belle lecture à toustes !

#lisez! engagé
Pour plus d'information :
www.lisez.com
Imprimé sur du papier issu de forêts gérées durablement.

ISBN : 978-2-412-10297-8
Dépôt légal : octobre 2025

Directrice éditoriale : Marie-Anne Jost-Kotik
Responsable éditoriale : Cyrielle Londero-Gobry
Éditrice : Marine Bourasseau
Correctrices : Anne Bianchin et Emeline Plessier
Direction artistique couverture et maquette intérieure :
Nikyta Madeira et Lisa Magano-Benziane
Adaptation de mise en pages intérieure : Nikyta Madeira et Jennifer Faisant
Photographies : © Betül Balkan, sauf : p. 7, 10-11 © Maëva Lième,
p. 9 © Sarah Witt, p. 14, 16, 30, 64, 78, 80, 94, 96, 110, 112,
126, 140, 142, 154, 156, 170, 172, 186, 188, © Shutterstock

Éditions First, un département d'Édi8
92, avenue de France
75013 Paris, France
Tél. : 01 44 16 09 00 – Fax : 01 44 16 09 01
E-mail : firstinfo@efirst.com
Site Internet : www.lisez.com

Photographies de Betül Balkan

PHILIPPE QUINTIN-STERN

King Chefs and Drag Queens

À Jean, mon époux
À Fortunée, ma mère
À Irène, ma belle-mère

PRIDE
FIRST
ÉDITIONS

Menu

AMUSE-BOUCHE…

À l'origine, il y a un cabaret. Un spectacle unique en son genre, imaginé par Philippe Quintin-Stern : *KingChefs & DragQueens*. Un lieu où l'art du drag rencontre la grande cuisine, où paillettes et saveurs se répondent dans un feu d'artifice sensoriel. Un spectacle drôle, touchant, bienveillant, *spicy*, délicieux, ludique – un concentré de talents fous et de moments inoubliables. Philippe a su marier deux mondes qui partagent le goût du geste juste, du spectacle total, de l'émotion sincère. Le succès a été immédiat. Et je suis moi-même fan de *KingChefs & DragQueens* ! J'ai vu le spectacle trois fois, et à chaque fois, c'était différent, surprenant, éblouissant, cette représentation ne cesse de me fasciner.

Et parce que certaines œuvres méritent de durer, Philippe a eu la belle idée de transposer ce cabaret en livre. C'est ainsi qu'est né *Kingchefs & Dragqueens*, l'ouvrage. Un livre haut en couleur, qui célèbre l'excellence, l'unicité, la beauté sous toutes ses formes. On y découvre des créatures extraordinaires, des looks flamboyants, des chef·fes exquis·es, des recettes sublimes. Des histoires qui donnent faim de vivre et soif d'oser !

Ce livre, c'est une scène ouverte où la cuisine devient cabaret, et le drag, un art de vivre. On y rêve, on s'y régale, et surtout, on peut refaire les recettes pas à pas, pour recréer, chez soi, un peu de cette magie si particulière !

Je dis toujours qu'une belle tenue – un look vraiment réussi –, c'est comme une recette de cuisine. Il faut les bons ingrédients, les bonnes matières premières, les bons dosages… et surtout, le sens de l'assemblage. La magie opère quand tout est parfaitement accordé : une touche d'audace, une pincée de grâce, un soupçon d'impertinence. Eh bien, c'est exactement ce que j'ai retrouvé dans ce livre.

Derrière tout cela, il y a le regard de Philippe. Curieux, généreux et délicieusement impertinent. Philippe est un créatif au talent prodigieux et multiple. Tel un chef, il mijote des projets qui font rêver, qui surprennent, et qui laissent une empreinte. Avec *Kingchefs & Dragqueens*, il nous offre un univers, un hommage vibrant à la création, à la liberté et au plaisir.

À celleux qui aiment se régaler des yeux, des papilles et du cœur,
ce livre est pour vous.

Cristina Córdula

Cristina Córdula, la reine de la mode au fin palais, avec Philippe Quintin-Stern, en costume black & pink *signé Jannike Sommar, lors d'une soirée KingChefs and DragQueens.*

Appetizer!

POURQUOI RÉUNIR DES CHEF·FES & DES DRAG QUEENS ?

Cela coule de source, *gurlz* ! Ce sont les mêmes sur bien des tableaux : même connexion à l'enfance, sens inné du partage et de la fête, amour du bon et du beau, goût de l'illusion et de la surprise, et au-delà de tout, appétence pour la liberté et appétit de briller.

En toute humilité, je n'ai rien inventé. Librement, je me suis inspiré de l'euphorie du Gai Paris des folles années 1920 et 1930, où l'on se lâchait à toutes les sauces et sur tous les modes, Rive gauche comme Rive droite, dans des cabarets avec pignon sur rue ou des *speakeasies* clandestins, des restaurants ultra chics ou des maisons bien closes, des guinguettes bien pop' au bord de l'eau ou des cercles à l'abri des regards indiscrets du Triangle d'or…

Les plus grandes figures artistiques de l'époque y ont fait leurs premières armes, dans des ambiances survoltées aux ventres rassasiés de bonne ripaille et imbibés jusqu'à plus soif. J'avais envie de retrouver cette ivresse-là. Car, à l'origine de sa création voici sept ans, KingChefs and DragQueens (KCDQ pour les initié·es qui adorent tant en rire) tient l'affiche dans diverses salles avec des dîners-spectacles chics et chocs, mêlant drag shows aux productions originales et menus gastronomiques en quatre services, qui ont vu éclore une partie des plus grands talents dans l'art du drag. Les Éditions First ont trouvé l'opportunité trop belle de décliner ce concept *so glam* en un livre de portraits et de recettes, fatalement pas comme les autres.

Beaucoup d'anglicismes dans ce livre : normal, quand on sait que la langue officielle des drags est l'anglais. « Drag » serait d'ailleurs une contraction de *DRessed As a Girl* (« habillé en fille »), dont Shakespeare serait à l'origine. L'auteur queer avant l'heure, par manque de comédiennes sous le règne d'Elizabeth I (surnommée *The Virgin Queen*, « La Reine vierge »), demandait aux hommes de se travestir en femmes.

Ultime précision : pour déterminer l'ordre alphabétique des douze *teams* (composées de dix couples et de deux trouples), nous sommes allé·es au plus simple en nous appuyant sur les patronymes des chef·fes, plutôt que sur les pseudos des divas, délicats à manier.

Quoi qu'il en soit, pour peu que vous preniez autant de plaisir à dévorer cet ouvrage (en 24 portraits et 36 recettes) que nous avons jubilé à le concocter, alors vous vous régalerez de la première à la dernière note, à n'en pas perdre une miette, côté pupilles comme côté papilles. On avait du pain sur la planche, et voici le – beau – résultat. Quel bonheur d'avoir mis les petits plats dans les grands. Si avec ça, on ne vous a pas mis l'eau – et plus si affinités – à la bouche…

Du *love*, des mercis, et dégustez bien, les gourmand·es !

Philippe

De gauche à droite, de haut en bas : instantanés signés Maëva Lième de dîners-spectacles KingChefs and DragQueens au Cabaret Oh! César *à Paris. Alice Psycho dans* TOUTES DES M*I*L*N, *une chanson hommage à Mylène Farmer, précédée d'un sketch un rien parodique ; Mariska Stardust chante* live *une création sur mesure* Hay Cariño *; Cookie Kunty au moment du salut final dans la salle avec toutes ses sistas ; Norma Bell (accompagnée de Mystic Eclectic et Théo Marechal) dans* Hot & Spicy, *à l'origine chantée par Cookie ; Sublyme dans* Vegan Girl, *une autre création avec la voix de la reine Jerry Fitzgerald Kennedy ; Renata Souto et Alexandros Ioannidis, piliers de la* dream team *KCDQ ; Sublyme et le chef Gaston Savina en* after-show *; Mystic Eclectic en mode* ballroom *dans son titre* Do You Speak Voguing *et dans* Where Is My Wig, *une production créée pour Keiona ; séquence émotion avec cette improvisation de Paloma qui me rend hommage.*

RODRIGUE BARCILON, JUSTIN ARNAL & CLÉMENT FRAISSE

+ *Norma Bell*

présentent

RÉUNION AU *Sommet*

Quand le hasard met les petits plats dans les grands… Telle est la belle histoire de Rodrigue, Justin et Clément (malheureusement absent le jour de notre séance photo), un trio de potos de la Métro', tombés sous le charme de la France des territoires ultramarins incarnée par l'île de la Réunion. Comme de bien entendu, Norma Bell est tombée à pic de volcan pour couronner ce *perfect match*. La reine créole en a d'ailleurs exulté de joie : « *Oté* – une ponctuation verbale qui marque la surprise, l'étonnement –, mais c'est trop bien ! Depuis un an qu'ils existent, je me fais livrer des plats de chez eux. Et je m'étais jurée d'y venir. » *Done, girl*, avec cette affaire brûlante haute en couleur.

RODRIGUE BARCILON + JUSTIN ARNAL & CLÉMENT FRAISSE

LES BIENFAITEURS

À la question « Peut-on réaliser une cuisine d'ailleurs sans y être rattaché·e par les liens du sang? », le trio répond : « Ceux du cœur suffisent. On ne va pas reprocher à un Alsacien de faire des moules-frites ou à un Niçois de cuisiner des langoustines ! Seule la passion compte. Celle pour un produit, une technique, une culture culinaire ! »

Du trio d'amis fondateurs du restaurant *Oté*, Rodrigue est celui qui a impulsé le projet. Clément raconte : « Moi, j'étais dans le *supply chain*, la logistique, au sein d'une start-up spécialiste du transport. » Justin d'enchaîner : « Et moi, dans le contrôle de gestion. Quand Rodrigue nous a parlé de son projet de créer une table qui allait rendre hommage à la cuisine réunionnaise, il était animé d'une telle passion –, avec son récent CAP de cuisinier en poche – qu'il nous a embarqués pour le rejoindre dans cette aventure. On a d'ailleurs fini un peu pompettes, ce soir-là. »

Rodrigue, lui, évoluait dans l'édition pour un label de musique : « Ça me plaisait, mais au fond de moi, il y avait une flamme que je réprimais. » Pas complètement car, entre deux contrats, il se délecte, non sans excitation, à l'idée du menu à concocter pour le dîner de sa dulcinée. « Julie avait choisi la Réunion pour achever les six derniers mois de son internat en cardio-pédiatrie. J'ai démissionné pour être à ses côtés. On s'était déjà rendu·es deux fois sur l'île en vacances chez des ami·es installé·es là-bas. Mes journées, je les passais à égrener les marchés, découvrir des produits, comprendre et reproduire cette gastronomie métissée d'influences africaines, indiennes, asiatiques et métropolitaines. Cette réunion des cultures, cette réunion des cuisines, c'est le choc de la Réunion. »

Rodrigue, Justin et Clément se connaissent depuis dix ans. Ils ont appartenu au même bureau des élèves dans un établissement d'enseignement supérieur à Bordeaux. « Des super bons souvenirs, car on a beaucoup appris – le jour – et pas mal fait la fête – la nuit. » Leur *perfect match* amical s'avère une aubaine qui va sceller leur destinée professionnelle. En juin 2024, ils célèbrent l'ouverture d'*Oté* dans le 11e arrondissement de la capitale. « Un an plus tard, on récolte déjà les fruits de notre travail ! Ça donne envie de lancer une nouvelle adresse dans une autre grande ville. » C'est tout le plaisir qu'on souhaite à ce tiercé gagnant.

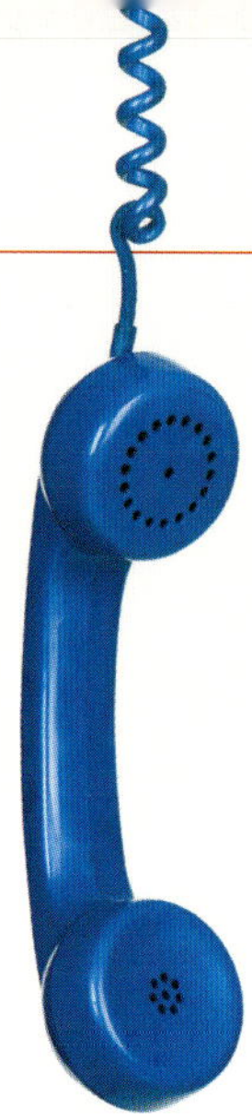

Norma Bell

LA VOLCANIQUE

Nicolas *aka* Normal Bell coche toutes les cases, y compris celle de l'honnêteté : « J'ai toujours été très fier de mes origines et de ma culture, mais pour être franc, ce n'était pas une évidence pour moi de l'intégrer dans mon drag, au départ. Lorsqu'on débute, c'est plus facile de s'inspirer des queens qu'on admire. Et la représentation réunionnaise était inexistante. »

Le déclic ? Passer de l'ombre à la lumière avec le tremplin *Drag Race France*. « On peut facilement rater ce rendez-vous. Pour séduire le public, le jury, je me suis dit qu'il fallait que mon personnage gagne en authenticité. » Plutôt paradoxal, sous une couche de maquillage ou bardé de pads (coussinets de rembourrage permettant de redessiner sa silhouette) – c'est pourtant bien la clé du succès. Alors, Norma va hisser haut et fort le trio coloré de l'île qui l'a vue naître : en rouge volcanique, jaune solaire et bleu océan.

Au-delà du drapeau clairement revendiqué sur la tenue dessinée par ses soins, Norma va pousser le bouchon créole en chantant dans son *talent show*, l'épreuve phare en début de concours. « Même si je lip-sync, c'est vraiment ma voix, dans ce maloya – un style musical majeur de la Réunion, né des souffrances de l'esclavage. Prohibé dans les années 1950, il est devenu symbole de résistance. Le maloya a su évoluer, et depuis 2019, il est entré au patrimoine immatériel de l'Unesco. C'est beau ! Comme le fait, mon Philippe, que tu m'aies suivi en produisant avec moi ce titre original, *La Fi' du Piton* » (comprenez : la fille du volcan éponyme).

Nicky Doll et ses acolytes de la saison 3 ont été soufflé·es par cette éruption qui conte l'histoire de son peuple, à renfort de *quick change* chronologique (haillons de servitude, tenue du folklore, sexy robe drapeau), tout en dansant en parfaite synchro avec le beau Théo Marechal, un fidèle de la maison KingChefs and DragQueens. Si Norma n'a pas emporté le royal sceptre ni la couronne qui va avec, elle a décroché haut les ongles l'écharpe de Miss Sympathie. « Ça fait forcément chaud au cœur, car c'est la preuve du lien que j'ai pu créer avec mes sœurs. »

Le public valide sur les réseaux sociaux et la plébiscite encore avec l'élection de la queen la plus craquante dans le civil, *Trade of the Season*. « C'est gratifiant et hilarant à la fois, quand on lit les fantasmes de certain·es qui s'emballent. Je reste reconnaissant, et à ce sujet, j'aimerais saluer – à part ma famille qui m'a toujours soutenu – Sanah Hassan. Quand j'ai débarqué à Paris en 2019, c'est la première à avoir cru en moi en m'offrant un poste de maquilleur chez Kryolan, et en m'encourageant dans cette voie. » Voie que Norma/Nicolas trace avec une belle intégrité, à l'image de son élégance innée.

Entrée

LA PATATE LÉ LÀ

« Une *fille des îles* percutante, intense et *fulgurante*. »

INGRÉDIENTS
4 PERS.

Patate douce

2 patates douces

30 g de massalé

30 g d'huile végétale

Sauce coco-curcuma-cacahuètes

15 g d'ail

15 g de gingembre

15 g de piment rouge

50 cl de crème de coco

10 g de curcuma

10 g de soja salé

30 g de pâte d'arachide (Dakatine)

Huile végétale

Condiments, rougail concombre & dressage

1 combava frais

1 concombre

10 g d'ail

10 g de gingembre

10 g de piment rouge

1 bouquet de ciboulette

Le jus de ½ citron

30 g de cacahuètes

Sauce pimentée sriracha

Sel, poivre

PATATE DOUCE
Couper les patates douces en deux dans le sens de la longueur et les talonner pour qu'elles tiennent bien dans le plat. Les quadriller au couteau pour former des carreaux de 0,5 cm. Mélanger l'huile végétale et le massalé, puis appliquer au pinceau généreusement sur les patates douces. Enfourner à 170 °C pendant au moins 45 minutes. Piquer à cœur pour vérifier la cuisson en sortie de four.

SAUCE COCO-CURCUMA-CACAHUÈTES
Dans une casserole, déposer un fond d'huile végétale, puis l'ail, le gingembre et le piment finement ciselés. Laisser revenir à feu moyen pendant 3 minutes. Ajouter la crème de coco, ainsi que le soja, le curcuma et la pâte d'arachide. Mélanger énergiquement avec un fouet pour homogénéiser la préparation. Laisser frémir pendant 15 minutes à feu moyen. Filtrer dans un bac à l'aide d'un chinois.

CONDIMENTS & ROUGAIL CONCOMBRE
Ciseler le concombre en tronçons de 1 cm de large et les passer au robot *cutter* pour les ciseler plus finement (ou hacher finement au couteau). Ajouter l'ail, le gingembre, le piment et le jus de citron. Ajuster en sel et en poivre. Concasser les cacahuètes et ciseler finement la ciboulette, puis les réserver.

DRESSAGE & SERVICE
Faire chauffer la sauce coco-curcuma-cacahuètes. Faire réchauffer les patates douces au four. Puis disposer le condiment au concombre sur toute la longueur des patates douces. Ajouter quelques points de sauce pimentée, les cacahuètes concassées et la ciboulette. Verser une louche de sauce dans une assiette creuse. Y déposer délicatement la patate douce. Zester le combava par-dessus.

« Fumer la saucisse ? Tout sauf un *caprice* ! »

Plat

ROUGAIL SAUCISSE

INGRÉDIENTS
4 PERS.

Rougail

650 g de saucisses de Montbéliard
8 g de piment rouge
20 g d'ail
12 g de gingembre
150 g d'oignon rouge
5 g de curcuma
600 g de tomates (fraîches ou pelées en conserve)
½ c. à c. de sucre
15 cl d'huile végétale
Sel, ½ c. à c. de poivre

Accompagnements

400 g de riz basmati long grain
200 g de lentilles vertes
1 c. à s. de massalé
1 c. à c. de curcuma
Pâte de piment (optionnel)
Oignons frits (optionnel)
Sel, poivre

ROUGAIL

Détailler les oignons rouges en lanières. Éplucher le gingembre, l'ail et le piment, puis les ciseler. Découper les saucisses en rondelles de 1 cm de large. Dans une marmite, mettre l'huile à feu fort et attendre qu'elle frémisse. Y ajouter le gingembre, le piment et l'ail, et laisser revenir environ 5 minutes. Ajouter les saucisses de Montbéliard et laisser dorer quelques minutes. Puis ajouter les oignons rouges et le curcuma. Faire revenir à feu moyen pendant environ 15 minutes en remuant régulièrement. Ajouter les tomates, le sucre, le sel et le poivre. Laisser mijoter à feu doux/moyen pendant 1 h 30. La sauce doit bien épaissir.

ACCOMPAGNEMENTS

Faire cuire les lentilles à l'eau. Égoutter, saler, poivrer et ajouter du massalé et du curcuma. Faire cuire le riz à l'eau ou au *rice cooker*.

DRESSAGE & SERVICE

Servir le riz blanc et les lentilles vertes assaisonnées. Ajouter une petite pâte de piment pour les plus aventureux·ses et quelques oignons frits pour un peu plus de croquant. Il est également possible d'ajouter le rougail concombre de la recette « La patate lé là » (p. 18) pour agrémenter et ajouter du pep's au plat.

Dessert

COOKIE PATATE

«Un *remède* réconfortant,
qui ne manque pas de *mordant* !»

INGRÉDIENTS
5 PERS.

Cookie Patate

260 g de beurre salé
120 g de sucre blanc
100 g de cassonade
200 g de farine
100 g de maïzena
2 œufs
240 g de chocolat noir 70 %
200 g de patate douce

Cocktail

1 cl d'eau-de-vie de goyavier
3 cl de vermouth rouge
3 cl de Campari
1 piment oiseau
¼ de citron vert
Glaçons

PRÉPARATION

Sortir la quantité de beurre souhaité 1 à 2 heures avant la préparation de la pâte à cookie afin qu'il soit pommade. Le couper en plusieurs cubes et réserver. Éplucher les patates douces et les couper en cubes. Les faire cuire dans de l'eau pendant environ 30 minutes, en démarrant avec de l'eau froide. Ensuite, égoutter les cubes de patate douce et les laisser refroidir. Puis les écraser à la fourchette, afin d'obtenir un écrasé assez épais et de conserver des morceaux de patate douce dans les cookies. Dans un grand cul de poule, mélanger les deux types de sucre et ajouter le beurre pommade. Battre jusqu'à obtenir un mélange homogène. Ajouter les œufs et mélanger à nouveau la pâte. Ajouter la farine et la maïzena, et mélanger à nouveau. Ajouter la purée de patate douce, puis assembler encore. Concasser le chocolat au couteau pour obtenir des morceaux d'environ 1 cm et les ajouter à l'appareil pour obtenir le résultat final. Filmer, puis mettre au frigo durant 1 à 3 heures afin de figer la pâte à cookies. Former des pâtons sphériques d'environ 110 g.

CUISSON & SERVICE

Utiliser des cercles en inox de 10 à 11 cm de diamètre pour donner aux cookies une forme bien ronde. Enfourner 12 minutes à 200 °C en chaleur tournante. Les cookies doivent être légèrement colorés sur les bords. Laisser reposer à l'air libre une vingtaine de minutes avant de servir.

COCKTAIL

Dans un checker à moitié rempli de glaçons, verser l'eau-de-vie de goyavier, le vermouth rouge, puis le Campari. Mélanger à l'aide d'une cuillère à cocktail dans le sens des aiguilles d'une montre pendant une vingtaine de secondes. Remplir de moitié le verre de glaçons. Couper en deux le piment oiseau afin de le suspendre au bord du verre. Filtrer le mélange en le versant dans le verre et ajouter un quartier de citron vert. Déguster. Attention ! *I pwaak fort* !

CAGNES

JEFFREY CAGNES + *Cookie Kunty*

présentent

LE ROUGE & le Noir

À l'instar du bel ambitieux Julien Sorel de Stendhal, Jeffrey Cagnes et Cookie Kunty ont entendu cette petite voix intérieure qui leur murmurait de s'élever pour briller. Sans piston ni réseau, l'obstination chevillée au corps, le reconnaissant tandem propulsé par de merveilleuses rencontres s'est fait un nom parmi les étoiles, se hissant chacun.e au firmament de son art. À l'image aussi de la Jeanne Mas d'En Rouge et Noir, iel ont exilé leur peur, pour aujourd'hui se consacrer en partie à leur passion commune pour la transmission. En échange d'une trêve de douceur(s).

JEFFREY

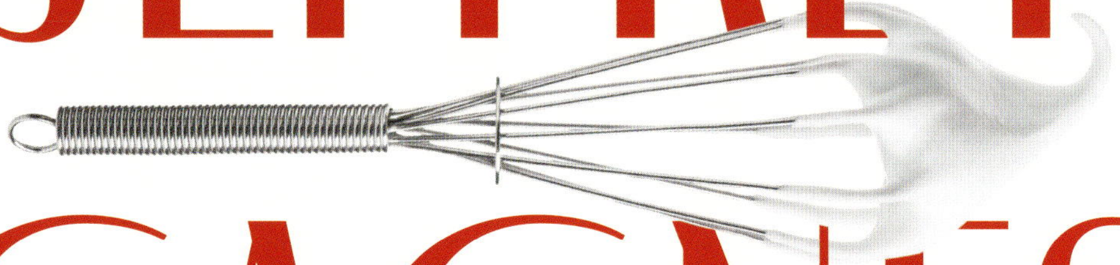

CAGNES

LE PRODIGE

« On ne veut pas faire pâtissier pour s'enrichir, on exerce ce métier pour rendre les gens heureux. » Jeffrey Cagnes va trouver son bonheur dans l'institution sacrée par excellence, rue Montorgueil à Paris. « En 2002, je viens d'obtenir mon CAP pâtisserie à Avignon, et je rêve de monter à Paris. Quand j'y débarque, à 17 ans, j'ai zéro contact dans la profession. J'envoie une centaine de C.V. Une seule maison me répond : Stohrer. » Bingo pour l'apprenti qui fera ses premières armes dans la plus ancienne pâtisserie de la capitale, fondée en 1730 par Nicolas Stohrer, pâtissier du roi Louis XV.

« On savait toustes que nos patrons, François Duthu et Pierre Liénard, étaient ensemble, mais on n'en parlait pas. On respectait leur discrétion, et on avait une telle admiration pour leur façon de tenir cette maison de main de maître. La pâtisserie Stohrer vivait à travers eux et ils parvenaient à nous faire ressentir qu'elle vivait aussi à travers nous. Ils m'ont pris sous leurs ailes, ils m'ont porté. Je les ai aimés comme on aime ses parents. »

Le cordon ombilical est si dur à couper que Jeffrey reviendra par trois fois dans le mythique établissement. « J'avais besoin d'aller voir ailleurs, mais c'était plus fort que moi, ce besoin de retourner à la maison. » Évidemment, à chaque réintégration, le talentueux prend du galon, jusqu'à atteindre l'échelon ultime. « J'avais besoin de mettre le point final à cette histoire d'amour professionnelle et de l'inscrire au fer en endossant les habits de son chef pâtissier. »

« Ce n'est pas de l'orgueil, c'est juste l'accomplissement du rêve d'un petit commis venu de nulle part » que *Le Livre de pâtisserie Stohrer par Jeffrey Cagnes* (Éditions du Chêne) grave dans le marbre pour l'éternité. « En tournant la page de cet héritage, moi qui ai la passion de la transmission, j'ai compris qu'il fallait que je lance ma propre affaire, sinon j'allais finir en bocal comme les babas au rhum. »

De classiques revisités en pures créations, Jeffrey surfe avec brio sur tous les tableaux côté sucré. « Entre ce que j'ai appris et mes racines, un métissage de cultures d'Afrique du Nord et d'Europe de l'Est, j'ai en moi une large palette de saveurs et de couleurs à ma dispo qui guide mes inspirations. » À ce jour, quatre pâtisseries portent son patronyme, dont l'adresse de la rue Montorgueil. « C'est celle de mon cœur » qu'il a gros comme ça, le sexy barbu, dont on peut prédire que lui aussi marquera la grande Histoire.

Cookie Kunty

L'INCONTOURNABLE

« Bonsoir les enfants. » C'est par ces mots d'une bienveillante sincérité que Cookie Kunty démarre les soirées qu'elle *host*. Inspiré par cette maîtresse de cérémonie hors pair, le réalisateur Florent Gouëlou en a fait sa muse, prolongeant son leitmotiv d'entrée par un : « "Maman est là." C'est dans son premier long métrage, *Trois nuits par semaine* (2022), dans lequel j'ai la chance d'incarner le premier rôle dit "féminin" et qui m'a valu d'être présélectionné aux révélations masculines de l'Académie des Césars. Plutôt cocasse ! »

« C'est dans la communauté que j'ai développé cet instinct maternel qui me pousse à rassurer, écouter, conseiller, guider. Faire du drag, c'est un catalyseur d'émotions. Ça déclenche toutes sortes de réactions des gens, et aussi pour soi. Ça m'a permis de me réconcilier avec ma masculinité grâce à la célébration de ma féminité. »

À peine trente et un printemps, et déjà un long parcours pour cette prodigieuse performeuse, aux prémices du renouveau de la scène drag française. « Nous étions une petite poignée, une vingtaine, à faire la fête en talons hauts dans les soirées House of Moda, Flash Cocotte, BLT, Club Sandwich. J'ai gagné le Dragathon en 2016, et Fabien Lesage m'a confié l'animation hebdomadaire des JeudiBarrés. » C'est ainsi que Cookie s'est rendue incontournable pour qui veut se lancer ou tout simplement savourer la finesse d'esprit de son personnage haut en couleur – quel *make-up artist* ! –, qui boude rarement son plaisir à lancer des blagues potaches, dont son public raffole.

« Si on en est là aujourd'hui, avec ce niveau de reconnaissance, c'est grâce à des personnalités comme Thibaut, Anne-Sophie et Manu de la Drag Me Up (concours que Cookie anime depuis sept ans) ; Matthieu Guérin et Fabrice Gilberdy de La Madame Klaude et *l'Alcazar* ; Stephan B. du Bal Con ; Enza Fragola avec L'Extravag'Enza ; Mehryl Levisse – qui nous a quitté·es – du Travball ; toi avec les dîners-spectacles KingChefs & DragQueens ; Raphaël Cioffi et Nicolas Missoffe avec *Drag Race France* sur France 2. » Respect et merci l'artiste, qui se considère d'ailleurs plus « comme un artisan ».

Se poser en victime, pas le genre de Cookie qui, côté galères, a pourtant tout-vu-tout-connu. « Ça m'a forgée. Je suis la somme de mes expériences. Aujourd'hui, après avoir pris beaucoup de recul, quand je fais le bilan, une partie de moi est fière de mon "petit" héritage. J'ai toujours respecté les ancien·nes, je n'ai jamais écrasé les pieds de personne, et maintenant, c'est transmettre qui m'intéresse. On a tellement de choses à déconstruire tout au long d'une vie. » Parole sage d'une Cookie à croquer, craquante de sensibilité et de saines vérités.

Entrée

CROISSANT À L'AVOCAT

INGRÉDIENTS
10 PERS.

Pâte à croissant

22 g de levure boulangère

250 g de farine T45

250 g de farine T65

65 g de sucre

10 g de sel

10 g de miel

50 g de beurre

10 cl de lait

12,5 cl d'eau froide

Beurre de tourage

250 g de beurre sec à 84 % de matières grasses bien froid

Dorure

2 jaunes d'œufs

3 c. à s. de crème

Guacamole

3 avocats

1 cl de jus de citron

10 g de sel

½ gousse d'ail

1 oignon

1 zeste de citron vert

1 g de poivre de Sarawak

Garniture

1 avocat

Huile d'olive

Graines de sésame blanc

Quelques pousses de cresson Scarlet Cress *(optionnel)*

Poivre du moulin

PÂTE À CROISSANT
Dans la cuve d'un robot muni d'un crochet, émietter la levure, puis ajouter les farines. Ajouter le sucre, le sel, le miel, le beurre pommade, le lait et l'eau. Pétrir pendant 3 minutes à vitesse 1, puis pendant 8 minutes à vitesse 2. Étaler le pâton en lui donnant la forme d'un rectangle de 15 × 30 cm. Réserver au frais au minimum 1 heure.

BEURRE DE TOURAGE
Avec le rouleau à pâtisserie, abaisser le beurre de tourage sur une feuille de papier sulfurisé en lui donnant une forme carrée d'environ 15 cm de côté. Laisser reposer pendant 1 heure au frais.

TOURAGE
Sur un plan de travail fariné, poser la pâte à croissant, puis placer dessus le carré de beurre et l'enchâsser dans la pâte, en veillant à la régularité de l'assemblage. Avec un cutter, entailler le pâton sur les côtés avant de l'étaler dans la longueur, jusqu'à atteindre une épaisseur de 7 mm. Puis, donner un tour double. Avec le cutter, ouvrir le pâton sur les côtés et laisser reposer pendant 2 heures au réfrigérateur. Étaler ensuite le pâton dans la largeur jusqu'à atteindre une épaisseur de 8 mm et donner un tour simple. Ouvrir le pâton sur les côtés au cutter et le réserver au réfrigérateur pendant environ 2 heures.

FAÇONNAGE & DORURE
Sortir le pâton du réfrigérateur et l'étaler sur 3,75 mm d'épaisseur, en procédant progressivement pour ne pas abîmer la pâte. Détailler celle-ci en triangles, puis les rouler en croissants et laisser pousser pendant 2 heures à température ambiante sur une plaque recouverte de papier sulfurisé. Préchauffer le four à 170 °C. Préparer la dorure en battant l'œuf avec la crème liquide. À l'aide d'un pinceau, en badigeonner les croissants. Enfourner les croissants pour 20 à 25 minutes.

GUACAMOLE
Ciseler l'oignon, puis écraser tous les ingrédients dans un mortier.

DRESSAGE & SERVICE
Couper un avocat en fines tranches et former une jolie rosace. Badigeonner délicatement cette dernière d'huile d'olive à l'aide d'un pinceau. Fendre un croissant aux trois quarts et le toaster au four jusqu'à ce qu'il soit bien croustillant. Le tartiner légèrement de guacamole, puis déposer la rosace d'avocat sur le dessus. Parsemer de graines de sésame blanc, ajouter une touche de poivre fraîchement moulu et, si vous le souhaitez, quelques pousses de cresson *Scarlet Cress* pour une finition élégante.

« Douceur d'un *exotisme* savoureux,
intense et *fulgurante*. »

JEFFREY
CAGNES

JEFFREY
CAGNES.
PARIS
CAGNES.

TAJINE REVISITÉ

« Ras el-hanout et citron à l'*unisson*, subliment des suprêmes dans leur *expression*. »

INGRÉDIENTS
7 PERS.

Jus de cuisson

1 botte de coriandre

½ gousse d'ail

7 c. à s. de ras el-hanout

1 zeste de citron

6 cl de jus de citron

Eau

Sel, poivre

Pommes de terre

800 g de pommes de terre grenaille

Jus de cuisson

Sauce épaisse

Jus de cuisson des pommes de terre

1 c. à s. de maïzena

Suprêmes de poulet

7 jolis suprêmes de poulet avec la peau

3 oignons blancs

300 g d'olives de Kalamáta

Jus de cuisson

Huile d'olive

Condiment frais & dressage

2 citrons confits

1 c. à s. de crème fraîche

5 ou 6 tiges de coriandre

Huile d'olive

JUS DE CUISSON
Dans un récipient, mélanger de l'eau avec le jus et le zeste de citron, le ras el-hanout, la coriandre, du sel, du poivre et la demi-gousse d'ail. Mixer le tout à l'aide d'un mixeur plongeant jusqu'à obtention d'un jus homogène.

POMMES DE TERRE
Verser ce jus dans une casserole et le porter à ébullition. Ajouter les pommes de terre épluchées et les faire cuire jusqu'à ce qu'elles soient tendres (vérifier la cuisson en y plantant la lame d'un couteau). Égoutter les pommes de terre et les réserver. Conserver le jus de cuisson.

SAUCE ÉPAISSE
Prélever les trois quarts de ce jus et le remettre à chauffer. Y incorporer la maïzena et laisser cuire quelques minutes, jusqu'à ce que la sauce épaississe légèrement, puis mixer à nouveau et réserver.

SUPRÊMES DE POULET
Dans une poêle chaude, faire revenir les oignons grossièrement émincés avec un filet d'huile d'olive jusqu'à ce qu'ils soient fondants, puis ajouter les olives. Déglacer le tout avec un peu du jus de cuisson restant. Ajouter ensuite les suprêmes de volaille coupés en deux et les faire dorer de chaque côté pour qu'ils s'imprègnent des saveurs des oignons et des olives.

CONDIMENT FRAIS
Préparer un condiment frais en mixant les citrons confits, la coriandre et la crème fraîche. Mixer finement jusqu'à obtention d'une texture lisse.

DRESSAGE & SERVICE
Dans une assiette creuse, déposer la sauce épaisse au fond. Disposer les pommes de terre au centre, puis les oignons et les olives. Placer les morceaux de volaille par-dessus. Ajouter une petite touche de condiment au citron confit et terminer par un filet d'huile d'olive pour sublimer le tout.

TARTES AU CITRON RECONSTITUÉES

INGRÉDIENTS
4 PERS.

Pâte sucrée

100 g de beurre pommade

4 jaunes d'œufs

100 g de sucre glace

250 g de farine T45

2 g de sel

Cassonade

Crémeux citron vert

1 g de gélatine en feuille

0,7 cl d'eau

195 g d'œufs (jaune et blanc)

145 g de sucre semoule

16,5 cl de jus de citron vert

Les zestes de 4 citrons verts

290 g de beurre

Ganache citron montée

3 g de gélatine en feuille

2 cl d'eau froide

330 g de crème liquide à 30 % de matières grasses

90 g de chocolat blanc de couverture Ivoire 35 %

7,5 cl de jus de citron vert frais

Confit citron vert-basilic-huile d'olive

50 g de sucre semoule

10 cl de jus de citron vert

½ gousse de vanille

4 g de pectine NH

3 g de basilic

2 cl d'huile d'olive

Décoration

Pousses de citron ou de basilic

Zestes de citron vert

PÂTE SUCRÉE

Crémer le beurre pommade avec 3 jaunes d'œufs et le sucre glace. Ajouter la farine tamisée et le sel. Amalgamer sans trop travailler la pâte. Écraser en l'étirant bien avec la main sur un plan de travail, sans lui donner d'élasticité. La réserver au réfrigérateur pour la raffermir. Préchauffer le four ventilé à 160 °C. Détailler des cercles de pâte de 12 cm de diamètre et les déposer sur le dos de moules à manqué retournés de 10 cm de diamètre. Enfourner pour 20 minutes. Démouler les fonds de tarte une fois refroidis. Dorer l'intérieur et l'extérieur avec le dernier jaune d'œuf, puis tremper chaque fond de tarte dans de la cassonade. Enfourner à nouveau 10 minutes à 160 °C.

CRÉMEUX CITRON VERT

Réhydrater la gélatine dans l'eau froide. Mélanger les œufs, le sucre et le jus de citron vert. Chauffer à feu doux en remuant, jusqu'à ce que l'appareil épaississe légèrement (autour de 85 °C). Hors du feu, incorporer la gélatine essorée, les zestes et le beurre coupé en petits morceaux. Donner un coup de mixeur plongeant afin de bien homogénéiser la crème, et réserver.

GANACHE CITRON MONTÉE

Réhydrater la gélatine 10 minutes dans l'eau froide. Dans une casserole, porter une moitié de crème à ébullition, puis la verser en trois fois sur le chocolat blanc et la gélatine essorée. Bien mélanger jusqu'à obtention d'un appareil homogène. Ajouter l'autre moitié de crème froide et le jus de citron vert frais. Mixer au mixeur plongeant, filmer au contact et réserver au frais une nuit.

CONFIT CITRON VERT-BASILIC-HUILE D'OLIVE

Dans une casserole, mélanger la moitié du sucre, le jus de citron vert et les graines de la gousse de vanille fendue et grattée. Porter à ébullition et incorporer le sucre restant mélangé à la pectine. Faire bouillir à nouveau, mixer et réserver. Une fois le confit refroidi et figé, ajouter le basilic et l'huile d'olive, mélanger et réserver.

DRESSAGE & SERVICE

Pocher le crémeux citron vert dans les fonds de tarte, en lissant bien la surface. Recouvrir d'une fine couche de confit citron-basilic-huile d'olive. Monter la ganache citron vert à l'aide du fouet du robot jusqu'à obtenir une texture onctueuse et aérienne. La transférer dans une poche munie d'une douille Saint-Honoré, puis la pocher en formant de jolis zigzags réguliers sur toute la surface de la tarte. Ajouter quelques gouttes de confit citron vert-basilic-huile d'olive à l'aide d'un cornet ou d'une petite poche, puis finaliser le dressage avec des pousses de citron ou de basilic, et des zestes de citron vert.

« *Crémeux*, ganache et confit...

... pour zeste de *folie* à la vie. »

LISE DEVEIX + *Madame Wasabi*

présentent

Asie FANTASY

En attendant la *fame*, elles se contentent d'illustrer à la perfection le méga hit de Donna Summer *She Works Hard for the Money*. Au quotidien, elles triment, mais *deep inside*, elles sont d'une sérénité si bienheureuse ! Réconciliation des peuples entre Japon et Chine qui repose sur cet improbable et œcuménique binôme composé de la cheffe Lise Deveix, qui trois ans durant a sué corps et âme en dirigeant la brigade d'un restaurant gastronomique de Hong Kong, et de Madame Wasabi, queen cantatrice et japonaise, qui a plaqué Tokyo pour s'en aller vivre son rêve français.

LISE DEVEIX

LA MATH(très)SPÉ

Une fan de Tulle a fait le trajet rien que pour ses beaux yeux, pour lui offrir en main propre une déclaration d'amour de toute beauté couchée sur papier stylé. La rançon de la gloire quand on coche la case *Top Chef*, dans laquelle Lise Deveix s'est distinguée avec éclat dès le premier épisode, au point de se taillader la main – un rien ballot, en ôtant la protection de son couteau – à H-10 minutes d'attaquer le tournage. Trop fière pour verser la moindre larme de douleur devant les caméras – cinq points de suture, donc pas du flan –, on la verra œuvrer cinq fois durant sur le petit écran.

Face à la si subtile et néanmoins puissante cuisine de Lise, on ne peut que rendre les armes. Elle se savoure de façon inconditionnelle dans son petit restaurant grand talent avec 20 couverts seulement – option pan de mur *so couture* signé Christian Lacroix papier peint – niché dans la pittoresque et classée rue Saint-Blaise du 20e. Un arrondissement de Paris où il est compliqué de décrocher un macaron. Parce qu'elle le vaut bien. Dans l'assiette, c'est tout comme.

Bac S, deux ans d'une prépa de dingo pour intégrer une grande école d'ingé·es, qu'elle décroche, la garce, et-pis-ben-non. Au grand dam de ses ascendant·es, Lise Deveix préfère les bancs de l'école Ferrandi. La prometteuse ingénieure a switché cuisinière hors pair, formée au contact de l'excellence des brigades, toutes parisiennes et étoilées, du Relais-Louis-XIII, de Taillevent et d'Akrame (c'est un prénom, celui du chef Benallal). L'esthète de la haute gastronomie est emballé au point de lui confier – c'est énorme – la direction des cuisines de son antenne à Hong Kong. «J'y suis restée trois ans. J'en ai bavé, mais c'était génial. *Work hard, play hard*. C'était ma première en Asie et j'ai tant appris sur la culture hong-kongaise. Cette expérience a forgé mon opiniâtreté et aligné mon feng shui.»

La petite Parisienne de 33 ans a le terroir pur et dur dans le sang. Sadarnac, le nom de son enseigne, est tiré de la ferme éponyme de ses grands-parents en Corrèze. Dénicher des perles d'adresses dans tout l'Hexagone ou en mode locavore, c'est son truc. Preuves à la bouche avec son pigeon de Pornic élevé face à la mer et son rouget de la baie d'Audierne, ou ses herbes folles, inédites, de la ferme juste à côté, Le Paysan Urbain, «incarnée par le couple Bruno-Gérard, qui sont des mecs en or.» Tout comme Lise Deveix, *Goldfinger* facétieux et prodigieux.

Madame Wasabi

L'UNIQUE

Son leitmotiv, sa prière, son incantation : « Je cherche un millionnaire. » Gageons pour elle qu'un jour son – fortuné – prince viendra, « et plus jeune que moi, si possible », mais en attendant d'être une respectable femme au foyer, la raffinée geisha vous régale les mirettes comme les oreillettes avec l'inoxydable Madame Wasabi, qui en a sacrément dans le kimono (on parle ici, il va sans dire, de son talent). « Je suis si pauvre, mais si riche au fond du cœur » : impayable romantique.

Au-delà de la *comedy queen* qu'elle cultive sans en avoir l'air, Madame Wasabi possède ce je-ne-sais-quoi d'irrésistiblement sensible, qui vous accroche cash, elle qui semble détachée de tout, comme si le simple fait d'exister sur terre lui conférait un superpouvoir, à commencer par zapper les *supervillains*. Qu'il est bon et rafraîchissant, son côté née de la dernière pluie dans *Un jour sans fin* !

« En anglais non plus, je ne suis pas professionnelle, mais tu sais comme je suis bonne en *body language*. » C'est si vrai, à l'image de ses numéros inspirés danses japonaises où elle manie l'éventail avec une grâce à la Madame Butterfly. Liaison toute trouvée avec son second cadeau d'une bonne fée penchée sur son berceau : ses sacro-saintes cordes vocales, et le coffre qui va avec, d'une puissance redoutable. Si Madame Wasabi, en reine digne de son rang, excelle en lip-sync, c'est bien dans ses performances live qu'elle embarque tout sur son passage.

Shingo (son prénom dans le civil) aurait pu être un très grand baryton au Pays du Soleil levant : « J'adore l'opéra, mais il y avait un décalage entre le rôle que j'interprétais et ma nature profonde. » Huit ans à étudier la musique à Tokyo, suivis de trois à l'École Normale de Musique de Paris, pour finir par deux saisons au conservatoire de Cergy-Pontoise en classe de maître chant lyrique, ça en jette, des paillettes ! « Au départ, la France, c'était pour perfectionner ma technique vocale, mais en découvrant l'incroyable scène drag parisienne, ça m'a décidé à vivre ici et à révéler Madame Wasabi. »

La magie opère à chaque fois que Madame Wasabi interprète la Carmen de Bizet et sa habanera ou la Dalila de Saint-Saëns avec *Mon coeur s'ouvre à ta voix*. Elle en est bouleversante de justesse. « J'aime aussi chanter de la variété et des *musicals*, je suis *unlimited*. » Tant que le wasabi ne lui monte pas au cervelet : « Je déteste le wasabi, justement, mais c'est ce qu'il y avait de plus fun parmi Madame Sushi, Madame Ramen, Madame Saké, Madame Bukkake. » Oups, elle a failli oser !

« Un avant-goût du *paradis* dans un pur dilemme *exotique*. Un clin d'œil à l'*Italie* extatique et aux parfums *asiatiques*. »

Entrée

SUCRINE RÔTIE, AGRETTI & COQUES AU LARD DE COLONNATA

INGRÉDIENTS
4 PERS.

8 à 12 fines tranches de lard de Colonnata

4 petites sucrines

4 tranches fines de pain de campagne

500 g de coques vivantes

200 g d'agretti

5 cl de crème ou de lait

2 g de lécithine de soja

1 trait de jus de citron

Quelques fleurs ou pétales d'oxalis

Un peu de beurre clarifié

50 g de beurre doux (cuisson + émulsion)

2 c. à s. d'huile d'olive parfumée à l'ail

Sel, poivre

SUCRINE & AGRETTI

Rincer les agretti, puis les séparer en deux. Une première moitié reste crue ; la seconde est poêlée au beurre avec un peu de sel, à feu fort, environ 30 secondes. Tailler la sucrine en deux, la saisir 3 à 4 minutes au beurre doux dans une poêle chaude, juste le temps de la « sucrer », sans trop la colorer. Réserver au chaud.

COQUES

Faire chauffer une poêle, y déposer les coques (sans huile) et couvrir. Lorsque les coquilles s'ouvrent, récupérer le jus rendu. Décoquiller les coques, réserver au chaud.

ÉMULSION IODÉE

Dans une petite casserole, mélanger le jus des coques, le lait ou la crème, le beurre et la lécithine. Monter au fouet ou au mixeur plongeant jusqu'à obtenir une mousse onctueuse.

COQUES (FINITION)

Dans la poêle chaude des coques, ajouter l'huile d'olive à l'ail et le trait de citron. Réchauffer rapidement. Saler et poivrer.

CROÛTONS AU BEURRE CLARIFIÉ

Trancher des rondelles de pain fines, toaster dans un beurre clarifié jusqu'à coloration dorée.

DRESSAGE & SERVICE

Dans chaque assiette, poser la sucrine, les agretti crues et poêlées, disposer quelques tranches de lard. Répartir les coques nappées de mousse iodée. Garnir de croûtons, de fleurs d'oxalis, de sel et de poivre. Servir immédiatement.

Plat

PIGEON EN TROIS CUISSONS, PETITS POIS & MOUSSE DE POMMES DE TERRE

INGRÉDIENTS
4 PERS.

4 pigeons (avec ailes et cuisses)

300 g de petits pois

2 gousses d'ail

1 oignon rouge émincé

20 cl de vin blanc

2 c. à s. de sauce soja

Beurre

Huile d'olive

2 c. à s. d'huile de sésame

Sel, poivre noir

Mousse de pommes de terre au siphon

400 g de pommes de terre à chair farineuse

20 cl de crème liquide

10 cl de lait entier

50 g de beurre

Sel, poivre

Garniture

2 pommes paille

50 g de pickles d'oignon rouge

Quelques pointes de micropousses de mizuna

Quelques pincées de poudre de persil

CUISSES CONFITES

Saler et poivrer les cuisses de pigeon. Faire confire 1 heure dans un mélange moitié beurre et huile à 150 °C jusqu'à tendreté (la viande doit se détacher facilement).

AILES MARINÉES & RÔTIES

Faire mariner les ailes 30 minutes avec la sauce soja, l'huile de sésame, 1 gousse d'ail hachée et du poivre noir. Rôtir au four à 180 °C pendant 20 minutes.

FILETS SNACKÉS & SAUCE AU PIGEON

Saler et poivrer les filets de pigeon. Les saisir dans une poêle avec un filet d'huile bien chaude, 2 minutes côté peau pour faire croustiller, puis 1 minute côté chair. Récupérer les carcasses et les sucs. Dans la poêle, déglacer avec le vin blanc, puis faire réduire. Filtrer pour obtenir un jus corsé sans dépôts.

PETITS POIS

Blanchir les petits pois 3 minutes dans de l'eau bouillante salée, puis égoutter. Dans une poêle, faire fondre l'oignon émincé et l'autre gousse d'ail hachée avec un peu de beurre, puis ajouter les petits pois et faire flamber légèrement au vin blanc. Saler et poivrer.

MOUSSE DE POMMES DE TERRE

Cuire les pommes de terre en robe des champs ou à l'eau. Les peler, les mixer avec la crème, le lait et le beurre jusqu'à obtenir une consistance lisse, puis passer au chinois. Verser l'appareil dans un siphon, charger une cartouche, réserver au chaud.

DRESSAGE & SERVICE

Déposer au centre la mousse siphonnée. Poser les trois cuissons (cuisses confites, ailes rôties et filets snackés). Accompagner de petits pois, de pommes paille coupées en dés, de pickles d'oignons et de micropousses. Napper légèrement de jus et saupoudrer de poudre de persil.

«L'*aile* et la cuisse, option filet...

... voler dans les *plumes* pour un bel effet.»

TARTE RHUBARBE & SUREAU, PRALINÉ SARRASIN, CRÈME VANILLÉE

INGRÉDIENTS
6 À 8 PERS.

Pâte brisée

250 g de farine

125 g de beurre demi-sel

6 cl d'eau (env.)

1 pincée de sel

Compotée & gel rhubarbe

400 g de rhubarbe

100 g de sucre

10 cl d'eau

2 c. à s. de fleurs d'hibiscus

2 g de agar-agar

Gel de fleurs de sureau

30 g de fleurs de sureau

100 g de sucre

10 cl d'eau

0,5 g de agar-agar

1 citron

Crème pâtissière & montée

50 cl de lait entier

4 jaunes d'œufs

100 g de sucre

50 g de fécule
(de maïzena ou poudre à crème)

1 gousse de vanille

20 cl de crème liquide à monter

PÂTE BRISÉE
Sabler le beurre, la farine et le sel. Ajouter de l'eau froide, puis former un disque. Filmer et réserver 1 heure au frais. Abaisser la pâte, foncer les moules à tartelettes, puis cuire à blanc à 180 °C pendant 20 minutes.

COMPOTÉE & GEL RHUBARBE
Couper la rhubarbe en tronçons de 2 cm, puis cuire dans une casserole avec l'eau, le sucre et l'hibiscus pendant 15 à 20 minutes à feu doux. Filtrer au chinois et réserver le jus. Gélifier le jus avec l'agar-agar en le portant à frémissement. Mixer jusqu'à l'obtention d'une texture lisse. Réserver au frais.

GEL DE FLEURS DE SUREAU
Porter à ébullition l'eau, les fleurs de sureau, le sucre et le citron coupé en deux pendant environ 10 minutes. Laisser infuser 12 heures au réfrigérateur, puis filtrer. Gélifier avec l'agar-agar en chauffant doucement. Mixer, puis réserver au frais.

CRÈME PÂTISSIÈRE & CRÈME MONTÉE
Chauffer le lait et la gousse de vanille fendue. Blanchir les jaunes d'œufs, le sucre et la fécule avec un fouet. Verser le lait chaud et remettre sur le feu jusqu'à épaississement. Refroidir, puis fouetter légèrement l'appareil, incorporer la crème montée. Mettre en poche.

PRALINÉ SARRASIN
Torréfier le sarrasin au four à 160 °C pendant 10 à 15 minutes. Caraméliser le sucre, ajouter le sarrasin grillé, puis mixer à chaud, jusqu'à obtention d'une pâte de praline.

DRESSAGE & SERVICE
Sur le fond de tarte, superposer les couches – compotée rhubarbe, gel rhubarbe, gel sureau, crème pâtissière, crème pralinée. Parsemer d'éclats de praliné concassés, de fraises découpées, décorer de fleurs de bleuet et saupoudrer d'hibiscus en poudre.

Praliné sarrasin

200 g de sarrasin décortiqué

200 g de sucre

Décoration

Quelques fraises

Fleurs de bleuet

Hibiscus en poudre

« Renversante de *délicatesse* sophistiquée,
une tarte d'une brillante *originalité*. »

ALICE DI CAGNO & VICTOR GAILLARD
+ *Soa de Muse*

présentent

LA REVANCHE DU *9.3*

La vie est parfois injuste. Il y a des êtres qui naissent sous une bonne étoile, avec des *fucking* talents qui suintent de leurs pores. C'est le cas de ce trouple (le temps d'un shooting) ancré dans leur Seine-Saint-Denis revendiquée, qu'il est de bon ton de dénigrer, pourtant dans le top des départements en France affichant une santé insolente. Alice di Cagno et Victor Gaillard du restaurant *Isolé*, une table *so Fooding* à Montreuil, régalent la plus stupéfiante des créatures qui règne sur la galaxie des queens, du haut de son trône dans le 9.3, *aka* Soa de Muse.

ALICE DI CAGNO & VICTOR GAILLARD

LE PERFECT MATCH

« Nous, on voulait juste être une bonne petite table à Ménilmontant, et le restaurant était constamment complet sur deux mois. Alors bien sûr, ça fait plaisir, mais en même temps, tu sais que tous les gens (ou presque) que tu vois, tu ne les reverras pas. Iels sont venu·es pour vivre l'expérience et voilà. Pour nous, c'était super chiant et frustrant à force de refouler tout le temps les gens du quartier. »

Une rançon du succès que le couple – aux fourneaux comme au dodo – aura du mal à assumer depuis leur restaurant nommé au second degré *Le Chatomat*. « Un clin d'œil au Chateaubriand (à deux pas, avenue Parmentier dans le 11e), du révolutionnaire basque Iñaki Aizpitarte dans les années 2000. » Avec Alice Di Cagno et Victor Gaillard, iels sont toute une génération à avoir revu et plus que corrigé les classiques, les codes et l'esprit de la cuisine bistrot.

En 2017, Alice et Victor mettent donc le fouet sous le paillasson de leur *successfull* restau… « Là, on a juste envie de faire un break, et on a entamé un tour d'Europe en Twingo, de camping en camping. C'était vraiment super. On était parti·es pour une virée d'un an, mais à l'approche de l'hiver, on a commencé à se peler sous la tente, et on a rebroussé chemin. » Retour au bercail dans le 93, où Alice et Victor habitent depuis 2013, en lieu et place de Montreuil, LA ville fétiche des Parisien·nes qui n'aiment plus Paris, le stress en moins, des mètres carrés en plus.

« On s'est dit : trouvons notre *spot* ici, on est si bien chez nous. On est assez vite tombé·es sur cette maison de ville qui n'a pas du tout le look d'un restaurant, mais déjà aménagée comme tel, avec cet incroyable jardin avec terrasse de 75 m². Là où on avait 10 tables, soit 23 personnes, aujourd'hui on peut assurer un service de 50 personnes. Et ce qui est génial : on a autant de places dehors que dedans. » Quant à cette idée d'avoir baptisé leur table du nom insolite Isolé : « Parce qu'on est comme dans un village retranché au beau milieu des tours, un îlot de verdure perdu dans le béton. »

Sous cette bulle de verre où la vie semble aussi légère qu'en bord de mer, leur cuisine est plus alerte que jamais, si inventive et créative, qualificatifs galvaudés qui retrouvent ici leur légitimité. « Oh, c'est bête comme chou, ce sont des recettes toutes simples. » C'est l'apanage des grand·es de ce monde : la modestie quand on a du génie.

Soa de Muse

LA SUBVERSIVE

« Pour sa diversité, son mélange des cultures, son bien-vivre ensemble, j'aime Saint-Denis : dionysienne et fière de l'être. » À l'inverse de Dionysos, Soa de Muse ne se prend pas pour la déesse du vin, de la fête et des excès, mais se rallierait plutôt à Joséphine Baker, sur l'air de « J'ai deux amours : mon pays et Saint-Denis. » « La Martinique vit aussi en moi, c'est mon histoire, mon ancrage, ma couleur. La source dans laquelle je vais puiser pour me régénérer. »

Comme toute dame à particule et à frange d'intello-cérébrale, Mademoiselle de Muse aime manier les bons mots pour pimenter le show ou croiser le fer : « On peut bien me cataloguer drag politique, moi, je préfère les mots "engagé·e" ou "militant·e". La France, celle des métropolitain·es comme celle des ultramarin·es, est belle : elle sait évoluer. Le problème, l'obstacle, ce sont celleux qui gouvernent, celleux qui ont le pouvoir, avec leur métro de retard. »

Voilà une star qui brille sur les cinq continents. Soa, c'est un regard qui vous transperce, un sourire qui vous renverse, un je-ne-sais-quoi qui vous bouleverse. Soa, c'est 1,90 m de silhouette incroyable, un tank caribéen croisé avec une danseuse étoile. Soa, c'est un monument d'humour, et de distance sur elle et ce qui l'entoure. Le tout cumulé, évidemment, ça ne passe pas inaperçu.

De *Drag Race France* saison 1 où elle se hisse jusqu'en finale à *RuPaul's Drag Race: Global All Stars*, tourné en Colombie, où elle remporte les titres Global Lip Sync Assassin et Miss Global Peacemaker. « Bien sûr, on vit beaucoup sous pression, mais ma philosophie l'emporte : trace ta route, reste focus, ne méprise personne, *no shade, gurl.* » Au-delà du drag, Soa est une artiste pluridisciplinaire à la croisée du burlesque, du théâtre et de la danse contemporaine.

Son univers onirique transpire au cabaret La Bouche, dans le 18e à Paris, que Soa inaugure en 2022. « Chaque mois, c'est un rendez-vous subversif que je prépare, aux côtés d'autres créatures incontournables de la scène queer et alternative, avec une passion dévorante et débordante de plaisirs. » Tout comme son propre spectacle *Diaspora*, créé en 2024, dont la tournée a débuté sur l'île de la Réunion, en passant par Lyon, et qui reprendra en 2026 au Carreau du Temple de Paris.

Quant à sa participation dans *Woke*, la bouillonnante pièce de Virginie Despentes, elle en est fière, telle une – très grande – reine : « C'est un rêve, un cadeau, un aboutissement de ma raison d'être. Je me sens utile à travers cette écrivaine réalisatrice que j'ai admirée dès les premières pages de *Baise-moi* dévoré dans mon adolescence. Quel putain de choc ! »

Entrée

SALADE DE SEICHE & DE SHIITAKÉS MARINÉS AU CÉDRAT & À L'AIL DES OURS, TUILE DE PAIN À L'ENCRE DE SEICHE & JUS DE TENTACULES CITRONNÉ

«*Tentaculez-vous*. Ça va se(i)cher.»

INGRÉDIENTS
4 PERS.

Salade de seiche & de shiitakés

1 seiche de 800 g

1 petit cédrat

200 g de shiitakés

1 bouquet d'ail des ours

1 oignon

1 carotte

1 bouquet garni

10 cl de vin blanc

1 c. à s. de concentré de tomates

1 gros citron jaune

Tuile

10 g de farine

1 c. à c. d'encre de seiche

5 cl d'eau

5 cl d'huile neutre

BLANC DE SEICHE
Nettoyer la seiche. Retirer la peau du blanc et couper les ailettes et tentacules, à réserver. Essayer de prélever un peu d'encre de seiche. Pocher le blanc pendant 4 minutes dans une eau salée frémissante. Laisser refroidir, puis trancher en fines lamelles. Réserver.

JUS DE TENTACULES
Couper la peau et la faire rissoler à feu moyen avec les ailettes et tentacules découpées jusqu'à obtenir une jolie coloration. Ajouter l'oignon et la carotte taillé·es en brunoise, et cuire environ 5 minutes, puis déglacer au vin blanc. Mouiller à hauteur, ajouter le bouquet garni, le concentré de tomates et laisser mijoter pendant au moins 2 heures. Passer ce jus au chinois fin, puis faire réduire à feu doux environ 1 heure jusqu'à l'obtention d'une texture onctueuse. Lorsque le jus a refroidi, ajouter du jus de citron à convenance. Tailler les shiitakés en grosses lamelles et les faire sauter à la poêle à feu moyen 10 minutes, puis réserver au frais. Mettre les lamelles de blanc de seiche à mariner avec les shiitakés, l'ail des ours ciselé et le cédrat taillé en tranches fines. Puis arroser le tout de jus de seiche.

TUILE
Mélanger tous les ingrédients sans faire de grumeau. Dans une poêle antiadhésive, verser l'appareil avec une pipette ou une cuillère, comme si c'étaient des crêpes. Laisser cuire quelques minutes, jusqu'à ce que l'eau s'évapore et donne l'aspect alvéolé à la tuile.

DRESSAGE & SERVICE
Verser un filet de jus de tentacules citronné dans chaque assiette, ajouter la salade de seiche et de shiitakés marinés au cédrat et à l'ail des ours. Déposer délicatement une tuile à l'encre de seiche.

Plat

SAINT-JACQUES POÊLÉES, SAUCE CHIEN, POIREAUX & MOUSSELINE DE COURGE

« Produits *péyi*, produits *saison*,
avec cette sauce des *Antilles*,
forcément, ça *frétille* ! »

INGRÉDIENTS
4 PERS.

12 grosses noix de Saint-Jacques
2 poireaux
1 kg de courge
Ail, thym, laurier

Sauce chien

2 piments végétariens
2 branches de cébette
1 citron vert
1 c. à s. de persil haché
1 c. à s. de cerfeuil haché
1 oignon nouveau
1 ou 2 gousses d'ail
Huile d'olive
Sel, poivre

SAINT-JACQUES
Préparer ou faire préparer par sa ou son poissonnier·e les coquilles Saint-Jacques. Les réserver au frais.

POIREAUX
Cuire les poireaux quelques minutes dans de l'eau bouillante, en les gardant bien fermes. Les tailler en deux dans la longueur, puis en tronçons de 5 cm.

MOUSSELINE DE COURGE
Éplucher et tailler la courge en gros morceaux. Les cuire au four en papillote avec de l'ail, du thym et du laurier pendant 20 minutes, à 180 °C, sur chaleur tournante. Mixer au blender pour réaliser une purée.

SAUCE CHIEN
Hacher tous les ingrédients, débarrasser dans un bol. Ajouter le jus du citron vert, un peu d'eau chaude et l'huile d'olive, puis saler, poivrer et réserver au frais.

CUISSON
Poêler les noix de Saint-Jacques et les poireaux dans un peu d'huile à feu moyen, 3 minutes de chaque côté.

DRESSAGE & SERVICE
Disposer dans l'assiette un lit de mousseline de courge, puis agencer les tronçons de poireaux et les noix de Saint-Jacques. Arroser de sauce chien et servir.

Dessert

SORBET KIWI, PERLES DU JAPON AU THÉ VERT & ESTRAGON, MERINGUE & CHIPS DE KIWIS

INGRÉDIENTS
4 PERS.

Sorbet kiwi

200 g de kiwis
5 cl d'eau
30 g de glucose
50 g de sucre

Meringue

100 g de blanc d'œuf
100 g de sucre
100 g de sucre glace
Estragon en poudre

Chips de kiwis

2 kiwis

Perles du Japon

50 g de perles du Japon
1 sachet de thé vert
10 cl d'eau
1 branche d'estragon frais
30 g de sucre

SORBET KIWI
Mixer tous les ingrédients à petite vitesse de manière à ne pas casser les grains de kiwi qui donneraient de l'âpreté au sorbet. Passer au chinois fin, puis faire refroidir en sorbetière.

MERINGUE
Monter les blancs en neige en incorporant petit à petit le sucre. Quand la meringue est bien ferme, incorporer le sucre glace et de la poudre d'estragon en mélangeant délicatement avec une maryse. Pocher les meringues en bâtonnets sur un papier sulfurisé et les faire cuire environ 3 heures à 80 °C.

CHIPS DE KIWI
Éplucher et tailler les kiwis en fines lamelles. Les faire sécher au four en même temps que la meringue pendant 3 heures.

PERLES DU JAPON
Cuire les perles du Japon dans une eau bouillante légèrement salée environ 15 minutes, jusqu'à que les billes soient translucides. Égoutter et rincer à l'eau froide. Réaliser un thé avec l'eau et le sucre, puis laisser infuser la branche d'estragon jusqu'à refroidissement. Plonger les billes dans le thé, réserver au froid.

DRESSAGE & SERVICE
Dans une assiette creuse, verser des perles du Japon avec un peu de thé. Disposer dessus une boule de sorbet et décorer avec des tranches de kiwi déshydratées et des bâtons de meringue.

«Concentré de *pep's*, plus *créatif*, tu meurs...

... *over addictif*, ma sœur!»

BÉRANGÈRE FAGART + *Freya Kor*

présentent

ACTION, *Réaction !*

Rentrer dans le rang, trop peu pour elles. La cheffe Bérangère Fagart du restaurant *Sélune* à Paris et la reine Freya Kor de Bordeaux ont la fièvre dans le sang, et pour de nobles causes, la moutarde peut vite leur monter au nez. Si ces deux passionnées aiment faire la fiesta, Bérangère et Freya ont surtout en commun de – vraies – valeurs qui font d'elles des êtres d'une rare entièreté. En chœur galvanisées par l'envie de partager, de tout donner, elles veulent juste en retour… quelques mots d'amour.

BÉRANGÈRE FAGART

LA PASIONARIA

« Liberté chérie » ou « Liberté, je crie ton nom », même combat qui galvanise cette cheffe résolument pas comme les autres nommée Bérangère Fagart. « Si être féministe signifie que les femmes doivent avoir les mêmes droits, les mêmes salaires, les mêmes avantages ou reconnaissances que les hommes, alors oui, je suis féministe. »

Alors, elle est de tous les combats « avec le Refugee Food Festival, où des dîners à quatre mains sont organisés avec des chef·fes exilé·es ; avec la Communauté Écotable (dont je suis la présidente bénévole), où, pendant le Covid, nous avons cuisiné 500 repas quotidiens pour des soignant·es d'hôpitaux de banlieue. »

« Faire de la cuisine, j'avais ça en tête quelque part, mais la place qu'on nous réserve côté brigade comme côté salle m'a longtemps refroidie. » Bérangère va d'abord brûler les planches, enfin plutôt le bitume, dans des spectacles de rues. « Au départ, je voulais être comédienne. J'ai commencé par un bac théâtre. Après l'avoir obtenu, nous sommes parties bourlinguer, avec ma meilleure amie Perrine, en Amérique du Sud pendant six mois.

À la rentrée 2007, je suis partie à Barcelone dans une école spécialisée dans le développement du mime corporel dramatique. Je suis sortie, deux ans plus tard, diplômée de cette école très physique (vingt heures de sport par semaine) qui m'a laissée le dos en compote. »

Bérangère rentre à Paris, mais ne se sent pas en capacité de jouer. Outre de brèves incartades dans la production avec « des potes qui avaient lancé un webzine de musique électronique et de *street art* », le management de DJs et l'assistanat pour un chef déco, la cuisine la rattrape, mais « ma première expérience dans un semi-gastro s'avère une catastrophe. C'est tout ce que je redoutais : zéro considération à bosser soixante-dix heures, violences physiques et morales. J'ai tenu six mois. » Nouvelle tentative concluante, elle, avec le Cirque Électrique. « Pendant 1 an et demi, je me suis éclatée à tout faire toute seule pour le staff et les spectateur·rices. Après cette expérience, histoire d'être sûre de mon choix, j'ai passé mon CAP en candidate libre. Et je l'ai obtenu, je dis merci à YouTube pour les révisions. »

C'est dans un bar-resto du 19e arrondissement de Paris, où elle va concocter pour seulement 22 couverts une bien jolie cuisine de marché, qu'elle rencontre celui qui sera son futur associé, Arnould Bazire. Iels décident alors d'ouvrir *Sélune*, rue de Montreuil, dans le 11e. La table de Bérangère tire son nom d'un fleuve en Normandie. Aujourd'hui, la cheffe a su faire grandir son talent brut et instinctif, entre fulgurances et influences, souvenirs enfouis et inspirations du marché. Sa cuisine qui a tout pour plaire flirte avec l'inédit plein de pep's, le joli sans chichi avec pléthore d'épices et d'herbes, le généreux qui fait saucer jusqu'à rendre son assiette immaculée.

Bérangère Fagart

Freya Kor

LA REBELLE

L'obsession de la queen Freya Kor ? « Faire la conne, histoire de ne pas être comme les autres, c'est le pied. » Et quand elle y met les deux, c'est pour mieux sauter dans le plat et nous éclabousser. Du coup, il exhale d'elle une drôlerie carnassière, façon de masquer sa fragilité-bonté de chic fille. Alors, elle s'engouffre dans l'interprétation de son rôle favori : la petite jalouse maladive.

« La plèbe pourra me voir à l'envi mauvaise comme la gale ou paranoïaque patentée, tout ça m'est bien égal. » Un chouia provoc – cela fait partie de son plan de bataille – alors qu'elle adore son public, Freya Kor est la Sarah Bernhardt des temps modernes, qui, bafouée, s'en gausse la seconde d'après à gorge déployée, toute gueuse qu'elle est et restera *ad vitam æternam*.

« Je ne serai jamais *polished*, tirée à quatre épingles, j'ai toujours besoin d'un *edge* pour me sentir à ma place et être bien. J'assume d'être une gueuse qui se travelotte. » Armée de sa légendaire répartie mitraillette, Freya manie ironie et autodérision comme personne dans le royaume des reines françaises. En attendant de figurer au casting de *Drag Race France* – « C'est bientôt mon tour » –, elle s'est distinguée en remportant la première Drag Me Up, concours bien connu des féru·es d'où émergent les plus belles pépites à venir.

Paré de sa coupe mulet qui ne va à personne ou presque – « Je suis passé à une version dite *soft*, t'aimes pas ? » –, Julien est, dans le civil, un garçon timide à croquer, avec ses fossettes qui se déclenchent dès qu'un sourire illumine sa ténébreuse noirceur.

Après cette victoire en 2019 où Freya a conquis Paris, c'est à Bordeaux qu'elle a posé armes et bagages pour changer d'air et négocier un virage dans son drag. « Je me suis affirmée, et au micro, je me sens de plus en plus *camp*, à faire rire tout en clamant mes quatre vérités. Tout prend sens quand on le fait avec la communauté queer. »

On stage, elle est immense, la môme de 1,73 m (sans talons, qu'elle ne porte jamais – ou presque – aiguilles). « Perchée au sens propre comme au figuré, je ne veux pas faire mannequin à la Victoria's Secret, j'ai besoin d'un minimum de stabilité quand je danse, t'es gentil. » Un mélange de *Beat do Brazil* bien *hot* style Pabllo Vittar, et de glam rock explosif à la Tina Turner, et voilà la belle qui s'emballe et balaie tout sur son passage, telle une tornade. « Sur scène, je suis dans un état second et quand je vois certaines vidéos, j'ai du mal à me dire que la folle dingo, là, c'est moi ! » Oh que si, c'est bien toi. Et sous peu, le monde entier se traînera à tes pieds.

Entrée

POIREAUX & VINAIGRETTE AUX ALGUES & À L'ORANGE

« Un grand classique de *grand-mère*,
façon *queer* qui ne manque pas d'air ! »

INGRÉDIENTS
4 PERS.

Poireaux

1 kg de poireaux

Sel

Vinaigrette aux algues & à l'orange

1 orange

1 c. à c. de moutarde de Dijon

100 g d'algues séchées (wakamé, dulse, kombu...)

1 c. à s. de vinaigre de riz ou de cidre

1 c. à s. de sauce soja salée

1 c. à s. de sauce soja sucrée

1 c. à s. d'huile de sésame

3 c. à s. d'huile d'olive

Poivre

POIREAUX

Couper le vert et la base des poireaux. Laver les poireaux en incisant légèrement dans la longueur. Faire bouillir un grand volume d'eau légèrement salée. Plonger les blancs de poireaux dans l'eau bouillante et laisser cuire 8 à 10 minutes en fonction de leur taille. Égoutter en fin de cuisson. Couper les poireaux en deux dans la largeur et la longueur.

VINAIGRETTE AUX ALGUES & À L'ORANGE

Prélever le zeste d'orange et réserver. Presser l'orange et faire réduire un peu son jus dans une casserole à feu doux pour obtenir un liquide plus sirupeux. Mélanger la moutarde, le vinaigre, les sauces soja, l'huile de sésame et d'olive. Poivrer. Ajouter les algues, le jus d'orange réduit et le zeste.

DRESSAGE & SERVICE

Servir les poireaux avec la vinaigrette.

Plat

RISOTTO DE COURGE BUTTERNUT, FETA & PESTO AUX NOISETTES

INGRÉDIENTS
4 PERS.

Risotto de courge

200 g de riz à risotto
600 g de courge butternut
1 bel oignon jaune
1 gousse d'ail
1 branche de thym
10 cl de vin blanc
1 l de bouillon de légumes
50 g de parmesan râpé
40 g de beurre
Huile d'olive

Pesto aux noisettes

1 bouquet de basilic
50 g de noisettes
50 g de parmesan
15 cl d'huile d'olive

Décoration

Quelques cubes de feta
Quelques noisettes

CUISSON DE LA COURGE

Couper la butternut en deux sans l'éplucher. En quadriller une moitié avec un couteau, l'arroser d'un filet d'huile d'olive, de thym, et ajouter la gousse d'ail. Couper la deuxième moitié de courge en tranches et les faire rôtir en même temps que la première moitié, avec un filet d'huile d'olive. Enfourner le tout à 230 °C pour 30 minutes. À l'aide d'une fourchette, racler la demi-butternut quadrillée, et déposer la chair et la gousse d'ail dans un blender. Mixer le tout avec 10 cl de bouillon de légumes (réserver le reste du bouillon pour la suite).

RISOTTO DE COURGE

Éplucher et laver l'oignon, puis l'émincer finement à l'aide d'un couteau. Faire chauffer 10 cl d'huile d'olive dans une cocotte et y ajouter l'oignon émincé. Y verser le riz et remuer pendant 1 minute jusqu'à ce que les grains soient translucides. Arroser de vin blanc. Laisser chauffer pour que le vin s'évapore. Mélanger rigoureusement. À l'aide d'une louche, mouiller le riz avec le bouillon de légumes chaud, petit à petit, jusqu'à ce que le riz soit cuit (une vingtaine de minutes, en général). Lorsque le risotto est cuit, ajouter la purée de butternut, le parmesan et le beurre froid. Mélanger jusqu'à ce que le risotto soit bien onctueux et lié.

PESTO AUX NOISETTES

Mettre le bouquet de basilic préalablement lavé avec les noisettes, le parmesan et l'huile dans un blender, et mixer le tout afin d'obtenir une préparation homogène.

DRESSAGE & SERVICE

Dresser le riz dans le fond d'une assiette creuse. Déposer les tranches de butternut rôties dessus. Ajouter quelques touches de pesto, un peu de feta coupée en petits cubes et quelques noisettes.

«Chapeau *courge* et bottes de cuir...

... un melting pote·sses *à ne pas fuir.*»

« Un *fruit d'automne* à siroter…
Souviens-toi *l'été dernier*… »

Dessert

POIRE POCHÉE À L'HIBISCUS, CRÈME FOUETTÉE & CRUMBLE AU SARRASIN

INGRÉDIENTS
8 PERS.

Poires pochées à l'hibiscus

4 poires Conférence
20 g de fleurs d'hibiscus séchées
1 graine de cardamome
½ anis étoilé
½ bâton de cannelle
1 l d'eau
200 g de sucre muscovado ou en poudre

Crème fouettée

15 cl de crème liquide à 30 % de matières grasses
30 g de sucre glace

Crumble au sarrasin

150 g de farine de sarrasin
100 g de beurre demi-sel
100 g de sucre roux

CRUMBLE AU SARRASIN
Réaliser la pâte à crumble en mélangeant avec les doigts la farine, le sucre et le beurre. Émietter cette pâte et la mettre au réfrigérateur au moins 20 minutes. Faire préchauffer le four à 210 °C. Quand la pâte à crumble a refroidi, la répartir sur une plaque à four tapissée d'un papier sulfurisé. Enfourner pendant 20 à 30 minutes.

POIRES POCHÉES À L'HIBISCUS
Faire bouillir l'eau et y ajouter toutes les épices, les fleurs d'hibiscus et le sucre. Éplucher les poires en conservant la queue. Les faire pocher pendant 20 minutes à petits frémissements. Les laisser refroidir dans le sirop. Les en sortir et faire réduire le liquide afin d'obtenir une texture sirupeuse et parfumée.

CRÈME FOUETTÉE
Fouetter la crème jusqu'à ce qu'elle épaississe et ajouter le sucre pour bien la serrer.

DRESSAGE & SERVICE
Couper chaque poire en deux, évider le centre (qui est un peu dur), ainsi que les pépins. Les entailler régulièrement d'un côté à l'aide d'un couteau pour former comme un accordéon. Les déposer dans chaque assiette. Ajouter une bonne cuillère de crème fouettée ainsi que le crumble. Finir en ajoutant quelques gouttes du sirop à l'hibiscus.

Datil

MANON FLEURY + *Paloma*

présentent

LA GLACE & le Feu

Manon Fleury et Paloma ont une conscience précise de leur valeur, tout bonnement parce qu'elles ont bûché leurs gammes et leurs arpèges comme des damnées. Travailler le texte ou les fruits de la terre – même Graal. Expert en rigueur, épris de justice, ce binôme sait ô combien le diable se cache dans les détails avant de s'habiller en Prada. Outre leur éléphantesque mémoire qui carbure à la passion du savoir et des saveurs, leur érudition les autorise à toutes les libertés, comme celle de souffler le chaud et le froid pour mieux nous renverser. Cela, en toute humilité : grandioses !

MANON FLEURY

L'INTÈGRE

Avant de se distinguer aux fourneaux, Manon s'est d'abord fait un nom sur les pistes d'escrime : médaillée championne de France en sabre « catégorie junior, j'avais 17 ans. Mais j'aspirais à une vie d'étudiante plus classique. Au bout d'un an d'hypokhâgne, je ne tenais plus en place, j'avais besoin d'action ». Elle s'inscrit en écoles de cuisine, Médéric, puis Ferrandi, elle performe dans les cuisines d'une succession de chefs de renom. Pascal Barbot, Alexandre Couillon, Dan Barber… « En 2018, je prends les rênes d'un petit bistrot de quartier (*Le Mermoz*, à Paris) qui va attirer un peu de monde. » Tu parles ! Le Tout-Paris se pâme à ses pieds.

Cinq ans plus tard, Manon ouvre son propre restaurant, *Datil* (nom d'une ancienne variété de prune). Sa garde rapprochée, qui se conjugue au féminin, compte la cheffe Laurène Barjhoux, Valentine Roustit côté sommellerie et Adèle Noguès en responsable de salle. Quand on découvre les plats de cette belle maison en plein Marais, on peut y lire une radicalité à la Michel Guérard. « Même si de très grand·es comme Alain Chapel ont travaillé les légumes avec maestria, c'est bien lui le premier qui a su les magnifier, en les plaçant au centre ; viande ou poisson sont devenus l'accompagnement. » Cette inspiration poussée un cran au-dessus, associée à des compositions où céréales et fleurs tiennent une place forte, forment un combo qui porte la poésie à son paroxysme.

« Quand on me dit que ma cuisine est féminine, je rigole. Pour moi, il n'y a pas de différence entre un cuisinier et une cuisinière. Ce n'est pas une question de genre, mais de sensibilité. L'univers de Pascal Barbot, un de mes mentors auquel je reste très liée, possède cette liberté instinctive, cette subtilité poétique, comme un langage qui encourage les matières à s'associer, s'entrechoquer, se superposer. » Touchée par la grâce, dans les réminiscences de l'enfance, Manon a bien évidemment, au bout de huit mois seulement, décroché une étoile Michelin.

À part incarner la fine fleur de la cuisine nouvelle génération, le fleuron Fleury donne de la voix en agitant des *red flags* avec Bondir.e : « C'est une association de professionnel·les de la restauration dont le but est de faire de la prévention contre les violences en cuisine, pour que chacun·e s'y épanouisse, y construise une carrière. Nous cherchons à faire évoluer cet univers resté très patriarcal, où des agressions sous différentes formes continuent d'opérer des dégâts. » Que dire de plus ? Amen.

Paloma

LA MAGISTRALE

Hugo Bardin semble avoir l'âge (rides ou lifting en moins) d'un fêtard sexagénaire, quintessence gauche caviar ! À l'entendre, on jurerait qu'il a écumé les folles nuits parisiennes des années 1980 : « La pop-culture de ces années-là est d'une richesse inouïe, au-delà du disco et de sa boule à facettes. Mais ne versons pas dans le passéisme, j'adore notre époque. Alors certes, la lutte continue, mais on sent ce même souffle épris de liberté. »

Non-stop sous les feux de la rampe depuis son sacre en première reine de France, Paloma est devenue une star : « *Drag Race* a changé ma vie ! Et tu es bien placé, mon Phiphi, pour savoir que tu y es – un peu – pour quelque chose. » Ma « petite » part de responsabilité ? Nous sommes en 2020. Paloma s'expose en créature davantage qu'en pure drag ; Hugo s'affiche en comédien féru de théâtre. « Je navigue entre les genres. Au-delà de me chercher, je saisis toutes les opportunités, entre petits rôles dans des séries télé et grands sur les planches. Je fais aussi un peu de pub et je viens de réaliser mon premier film, *Paloma*, où je mets en scène des queens de la scène parisienne. On me connaît un peu dans le milieu, mais je sors peu et ne fais pas beaucoup de drag shows. Quand je découvre l'existence du cabaret KingChefs and DragQueens, ce projet m'attire et je viens toquer à la porte. »

Flash-back sur une gagneuse – comme haranguent les mères maquerelles – qui n'a pas viré bêcheuse. « Bonjour, c'est Hugo Bardin/Paloma, comment fait-on pour passer le casting ? » Réponse laconique : prenons juste rendez-vous, on voit si ça matche *and go*. Paloma adore les imitations, *me too*. Follement ringard ? Ressuscitons le genre ! Comment ne pas plonger en transe – de rire –, subjugué·e par ses impros de Monica Bellucci, Isabelle Adjani, Françoise Sagan, Fanny Ardant… Fixette en apothéose au sujet de cette dernière. Nos plumes croisent le fer. En moins de deux, un sketch en or naît, et l'étoile qui va avec. Le public est emballé ; la machine, lancée. L'heure du triomphe va bientôt sonner.

Depuis, Hugo/Paloma s'en donne à cœur joie et apparaît dans *Quotidien*, danse avec Clara Luciani, écrit des scénarii en solo pour le cinoche, une BD avec le dessinateur Hugo Michalet, un bouquin avec la journaliste Elodie Petit, brûle les planches pour des seul·es en scène ou dirigé·e par l'avant-garde de la profession. Tantôt craquant en moustachu-barbu à défendre la commu (« Ce n'est pas une posture ; depuis toujours, j'ai ça dans le sang, de rentrer dans le lard des connards »), tantôt plus glamour tu meurs, la queen n'en a pas fini d'écrire son histoire. Ça tombe bien, comme dirait une certaine rouquine : on a besoin d'amour.

ASPERGES BLANCHES & ARAIGNÉE DE MER

INGRÉDIENTS
6 PERS.

Lamelles d'asperges

6 asperges blanches

Huile d'olive

Sel

Araignée de mer

200 g de chair d'araignée de mer – 1 araignée de 1 kg environ (conserver la carapace)

1 c. à s. de concentré de tomates

Thym

Huile de tournesol désodorisée

Sauce vierge

6 asperges blanches

2 c. à s. de vinaigre de Rancio

2 c. à s. d'huile d'olive

Sel

Crêpes d'asperge

6 asperges vertes

80 g de farine de blé

80 g de fécule de pomme de terre

¼ de botte de persil

¼ de botte de coriandre

Sel, fleur de sel

Crème d'amande

200 g d'amandes blanches non grillées non salées

30 g de vinaigre blanc

30 g de jus de citron

Eau

Fleur de sel

ARAIGNÉE DE MER

Cuire l'araignée dans une grande marmite d'eau bouillante non salée pendant 20 minutes environ – adapter en fonction de la taille de l'araignée. La laisser refroidir. Détacher toutes les pattes. À l'aide d'un casse-noix, briser chaque patte et en retirer la chair. Ouvrir le corps avec un couteau et le vider avec une pique à brochette. Conserver toutes les carapaces.

SAUCE VIERGE

Tailler les asperges blanches crues en brunoise. Assaisonner avec le vinaigre de Rancio, l'huile d'olive et le sel.

CRÊPES D'ASPERGE

Tailler les asperges vertes en julienne de 5 cm de longueur et émincer le persil et la coriandre. Mélanger la farine, la fécule, le sel. Mélanger cette pâte et les asperges. Ces dernières doivent être enveloppées d'appareil, mais ne doivent pas baigner dedans. Dans une poêle à blinis, verser de l'huile neutre, puis ajouter l'appareil aux asperges. Aplatir avec une spatule. Retourner après quelques minutes. Rajouter un peu d'huile pour que la crêpe colore. Réserver, réchauffer 2 minutes à 180 °C et ajouter de la fleur de sel au moment de servir.

HUILE DE CARAPACE

Torréfier les carapaces vidées au four à 210 °C pendant 10 minutes. Dans une marmite bien chaude, ajouter les carapaces juste sorties du four, le concentré de tomates et un peu de thym. Ajouter l'huile et laisser infuser durant 72 heures. Filtrer l'huile.

CRÈME D'AMANDE

La veille, faire tremper les amandes dans de l'eau. Égoutter et mixer avec de l'eau et du vinaigre pour obtenir une consistance de fromage blanc. Assaisonner avec de la fleur de sel.

DRESSAGE & SERVICE

Mélanger la chair d'araignée avec la sauce vierge. Dans le fond de chaque assiette, déposer 1 c. à s. de crème d'amande, puis 1 c. à s. de chair d'araignée assaisonnée de sauce vierge. Ajouter les lamelles rondes d'asperge sur le dessus, comme les pétales d'une fleur, et un filet d'huile de carapace. Servir avec une crêpe d'asperge sur le côté de l'assiette.

«Les reines des *champs* et des *océans*...

... jouent une *symphonie* pleine d'élan.»

MACÉDOINE DE LÉGUMES

INGRÉDIENTS
6 PERS.

Légumes

1 chou rave

1 radis noir

1 navet blanc

1 grosse pomme de terre à chair ferme

50 g de petits pois écossés

Glaçons

Eau

Purée d'aillet

3 navets

½ botte d'aillet

25 g d'huile d'olive

Eau

Sel

Sauce vierge

2 échalotes

2 tiges de blette

200 g de vinaigre de cidre

½ botte d'ail des ours

50 g de kumquats

2 c. à s. d'huile d'olive

Fleur de sel

Jaune d'œuf confit

6 jaunes d'œufs

300 g d'eau

200 g de vinaigre blanc

100 g de sucre

LÉGUMES

Éplucher le chou rave, le radis, la pomme de terre et le navet blanc. Les tailler en macédoine (cubes de 0,5 cm de côté) en séparant les différents types de légumes. Écosser les petits pois. Faire chauffer une grande casserole d'eau salée et préparer un cul de poule avec glaçons et eau. Cuire tous les légumes séparément. Faire cuire le chou rave pendant environ 3 minutes, le retirer à l'aide d'une écumoire et le plonger dans le cul de poule avec l'eau glacée. Réitérer dans la même casserole : 5 minutes pour la pomme de terre, 3 minutes pour le radis, 3 minutes pour le navet. Cuire aussi les petits pois pendant environ 30 secondes dans l'eau bouillante. Tous les légumes doivent rester croquants, mais obtenir en même temps une certaine tendresse sous la dent.

PURÉE D'AILLET

Enlever la partie verte de l'aillet pour ne conserver que le bulbe blanc. Tailler en fines rondelles les trois navets. Émincer le bulbe de l'aillet. Mettre un filet d'huile d'olive dans un sautoir. Ajouter l'aillet émincé et les rondelles de navet, et cuire à feu doux en ajoutant un tout petit peu d'eau. Couvrir pendant au moins 25 minutes. Retirer le couvercle et laisser cuire à feu très doux 5 minutes de plus pour laisser toute l'eau s'évaporer. Mixer dans un blender en assaisonnant avec du sel.

SAUCE VIERGE

Ciseler les échalotes, les mettre dans une casserole avec le vinaigre et laisser réduire jusqu'à évaporation quasi totale du vinaigre. Les échalotes doivent être cuites et il ne doit rester que 2 c. à s. de vinaigre réduit dans la casserole. Tailler les kumquats en fine brunoise. Émincer très finement les tiges de blette et d'ail des ours. Émincer finement les feuilles d'ail des ours. Mélanger la réduction de vinaigre et échalotes, les kumquats, les deux types de tige, les feuilles d'ail des ours et la fleur de sel.

JAUNE D'ŒUF CONFIT

Réaliser un mélange avec le sucre, le vinaigre et l'eau. Verser le mélange froid sur les jaunes d'œufs et laisser mariner pendant environ 20 minutes avant de servir la macédoine.

DRESSAGE & SERVICE

À la minute, mélanger dans un grand saladier les légumes cuits taillés en macédoine et les petits pois. Ajouter la sauce vierge et bien mélanger. Dans le fond de chaque assiette creuse, mettre 1 c. à s. de purée d'aillet. Ajouter par-dessus la macédoine assaisonnée et déposer un jaune d'œuf confit au centre.

« La splendide *virginité* d'une tradition...

... une pureté *radicale* nouvelle génération. »

Dessert

BABA À LA FRAISE

INGRÉDIENTS
6 PERS.

Pâte à baba

95 g d'œufs (jaune et blanc)

75 g de farine T55

25 g de beurre

3 g de levure fraîche

3 g de miel

0,75 g de sel fin

Praliné cacahuète et cacahuètes caramélisées

125 g de cacahuètes

83 g de sucre

23 g d'eau

Sirop fraise et rhubarbe

250 g de sucre

50 g de fraises ou de queues de fraises

50 g de rhubarbe ou d'épluchures de rhubarbe

10 g de jus de citron

0,75 l d'eau

½ ou 1 bouchon de rhum ou d'une liqueur au choix

Crème fouettée

100 g de crème liquide

25 g de sucre glace

Compotée de rhubarbe

100 g de tiges de rhubarbe

50 g de sucre

10 g de vinaigre de cidre

Garniture

100 g de rhubarbe

50 g de fraises

PÂTE À BABA
Dans la cuve d'un batteur, mettre la farine, le beurre en morceaux, le miel, la levure fraîche émiettée et le sel. Mélanger à vitesse lente jusqu'à obtention d'une texture sableuse homogène. Ajouter les œufs entiers d'un seul coup. Battre à vitesse rapide jusqu'à ce que le mélange soit homogène et que la pâte épaississe légèrement (elle doit rester souple, mais moins liquide). Laisser la pâte reposer et gonfler pendant 30 minutes à 1 heure. Pocher la pâte dans des moules à baba adaptés. Laisser reposer à température ambiante encore 30 à 45 minutes, jusqu'à ce que la pâte ait bien levé. Cuire pendant 20 minutes à 180 °C. Démouler dès la sortie du four. Réserver.

PRALINÉ CACAHUÈTE & CACAHUÈTES CARAMÉLISÉES
Torréfier les cacahuètes au four pendant 8 minutes à 160 °C. Dans une casserole, ajouter le sucre et l'eau, faire chauffer jusqu'à 175 °C – jusqu'à ce que le mélange fasse des petites bulles et devienne légèrement ambré. Dans un plat en silicone, disposer les cacahuètes. Verser le caramel par-dessus. Attendre qu'il redescende en température. Mixer la moitié au blender pour réaliser le praliné bien lisse. Hacher très grossièrement le reste avec 3 coups de couteau pour réaliser les cacahuètes caramélisées. Mélanger le praliné et les cacahuètes concassées.

SIROP FRAISE & RHUBARBE
Équeuter les fraises et les tailler en deux ou en quatre en fonction de leur taille. Éplucher et couper la rhubarbe en tronçons de 3 cm. Mettre les fraises, la rhubarbe et le sucre dans une casserole en versant l'eau par-dessus. Amener le sirop à ébullition et laisser cuire à petits frémissements pendant environ 40 minutes. Passer au chinois et faire réduire pour obtenir un mélange sirupeux. Ajouter un peu de sucre si le sirop manque de consistance. Faire ensuite refroidir, et ajouter l'alcool et le jus de citron. Réserver pour imbiber les babas.

CRÈME FOUETTÉE
Monter le sucre et la crème à petite vitesse au batteur, jusqu'à atteindre la consistance d'une crème chantilly.

COMPOTÉE DE RHUBARBE
Éplucher et tailler la rhubarbe en tronçons. Disposer dans une casserole à couvert avec un peu d'eau, le sucre et le vinaigre de cidre. Cuire durant environ 30 minutes, jusqu'à ce que la rhubarbe soit bien compotée. Mixer grossièrement et garder la purée avec un peu de matière.

FRAISES & RHUBARBE
Tailler la rhubarbe crue en julienne. Tailler les fraises en lamelles fines, dans le sens horizontal.

DRESSAGE & SERVICE
Imbiber le baba avec le sirop fraise et rhubarbe. Dresser le baba avec, au milieu, le praliné cacahuète et la compotée de rhubarbe. Ajouter par-dessus la crème fouettée, puis la julienne de rhubarbe et les lamelles de fraises.

«La cacahuète en *conquête*...

... d'une *fraise* fait sa fête.»

MICHEL SARRAN + *Lova Ladiva*

présentent

LA VI(LL)E *en Rose*

Il était une fois, dans la Ville Rose, Michel Sarran et Lova Ladiva. En ce radieux jour à la luminosité *just perfect* – « comme toujours », diraient nos deux protagonistes un brin chauvin·es –, la magique alchimie a, d'un seul clap, opéré avec l'évidence d'une superproduction à la Tim Burton. Qui perd gagne. Un oxymore qui sied comme un gant à ces deux rocs capables de se relever de tout. *Since day one*, ce tandem au capital sympathie incontestable n'a pas sa langue dans la poche. Régal à tous les niveaux et *P.O.V.* de Toulouse, tant qu'à faire !

MICHEL SARRAN

L'INSATIABLE

« Toulouse possède une âme latine. » Né en 1961 à Nogaro dans le Gers, Michel se montre intarissable sur la Ville Rose. « Nougaro chantait "Est-ce l'Espagne en toi qui pousse un peu sa corne ?" Toulouse, c'est aussi l'Italie, avec l'accueil de réfugié·es politiques aux débuts des années 1920 qui fuyaient le fascisme. Toulouse, c'est une ville gaie qui bouge la nuit, une ville d'étudiant·es, une ville tournée vers l'avenir. »

C'est un mec en or, ce Michel, le genre gentil qu'on meurt d'envie de serrer dans ses bras. Il a beau aligner ses 64 printemps, il affiche la candeur d'un ado bien élevé, jamais blasé et toujours par la passion animé. « Je sais d'où je viens : une famille de paysan·nes, et ça m'a toujours guidé. Que dire de ma mère ? Pierrette, la femme de ma vie. Déjà, elle m'a mis au monde. Elle a été un modèle de talent et de culot. Cuisinière hors-pair, elle a osé alpaguer Alain Ducasse pour lui dire ô combien il devait recruter son fils prometteur. » Michel sera donc cuisinier – « au départ, ce n'était pas une vocation, je voulais faire médecine » – et, de mentor en mentor, il va gravir chaque marche de l'excellence, jusqu'à ouvrir en 1995, à Toulouse, ça va sans dire, son propre restaurant, très vite auréolé d'étoiles.

Dur coup double composé de deux *goodbyes* « qui font mal en 2021. *Top Chef* me remercie et je perds une étoile Michelin. Pas facile à avaler quand, dans les deux cas, on ne sait pas pourquoi. Ce qui compte, c'est le carnet de réservations. Et tu vois, aujourd'hui encore, c'est complet. Côté télé, quand la presse a évoqué mon départ de M6, j'ai reçu des milliers de messages de soutien de spectateur·rices. Et le truc fou, alors que ça date de quatre ans, c'est que j'en reçois encore. » L'ironie du sort, et ça n'engage que l'auteur de cet ouvrage d'oser faire le corollaire : l'audience depuis n'a eu de cesse de plonger.

Hyperactif, Michel conduit des bolides, pilote des avions, court des marathons. Tout lui réussit. Sur le petit écran, il joue dans des séries ou participe à des jeux pour la bonne cause ou pour le fun. « On vient à chaque fois me chercher. Et ça me surprend toujours. Sur un plateau, je ne fais pas le malin. Après, mon naturel prend le dessus. Est-ce que c'est ça qui séduit ? » Et plus si affinités… ce que ce *sexy baby* déclenche sans l'ombre d'un calcul : son pouvoir d'attraction à la force innée. « C'est tellement bon de se sentir libre, de faire ce que je veux. » Comme imaginer des hamburgers ou prendre la pose avec des drag queens.

Lova Ladiva

LA GUERRIÈRE

Elle revient de loin, la gosse. « Tu peux dire "la grosse", car au plus fort de mon poids, j'ai atteint les 172 kg, mais ça devenait ingérable et dangereux pour ma santé, alors j'ai fait une *sleeve* en 2014, et je suis descendue à 90 kg. Aujourd'hui, je suis à 79. » Lova Ladiva, qui jadis en faisait des tonnes pour occuper l'espace, a muté, et c'est désormais l'espace qui se préoccupe de lui faire place. Et sa *face, face, face*... Elle est tout bonnement inouïe pour cette séance, à la croisée d'une Lauren Bacall ripolinée à la Morticia Addams : « Je n'étais pas une surdouée du *make-up*, mais avec le temps, j'ai appris. Avec l'âge, j'en ai pour plus cher de Scotch que de maquillage. »

« C'est fou, le destin, j'étais au creux de la vague, prête à tout arrêter. Je candidate quand même pour participer à la première de *Drag Race France* sans trop y croire, et paf, iels me sélectionnent. Je suis comme une folle, sauf qu'une tuile énorme me tombe dessus : toute ma costumerie de scène est ruinée par un dégât des eaux dans le garage de ma grand-mère. » Il reste un tout petit mois à Lova pour reconstituer une garde-robe scintillante composée de 18 tenues.

« À cause de cette galère, je n'ai pas pris le temps de préparer mes numéros, des répliques, mon *talent show*... Et je me suis vautrée salement durant le deuxième épisode. » La suite, pour les habitué·es, on connaît : Lova se retrouve dans le *bottom*, lip-sync contre Soa de Muse. *End of story*. Enfin, pas tout à fait... Queen au grand cœur et débordante de bonne humeur : « Je revendique un drag *old school* très 90's à la *Priscilla, folle du désert*. Je suis de la tribu des bienveillant·es qui préfèrent se moquer d'elleux-mêmes que de mettre en boîte sa ou son prochain·e. J'ai trop de respect pour mon public. » *OMG!* Ladiva a scoré, explosion de son compte Instagram à l'appui, passant de 790 à 24 000 *followers*. S'ensuit un *Drag Race France on tour*, puis, Lova s'en est retournée gentiment dans ses pénates toulousains, avec accueil de superstar. « Moi, VIP ? Non, plutôt Vieille Pie ! »

Neuf mois plus tard, le destin frappe à sa porte sous la forme d'un coup de fil de la production : Raphaël Cioffi et Nicolas Missoffe l'invitent à participer à la saison 2 pour une séquence défi inspirée par Lova *herself* dans sa vidéo de *Snatch Game* (imitation d'une personnalité que chaque queen doit réaliser au moment du casting). Le buzz de Lova Ladiva dans la parodie *Le Talon faible* où, face aux candidates en lice, elle campe une Laurence Boccolini à péter de rire – passez l'expression –, est juste phénoménal.

« Je ne veux pas faire pleurer dans les chaumières, mais c'est vrai que ce n'est pas tous les jours facile avec ma spondylarthrite ankylosante. Mais je *fight* sans relâche, je n'ai pas le choix, sinon je m'écroule. Et là, faudra plusieurs beaux gosses pour me relever. Remarque, ça me donne des idées... » Pas folle, la guêpe !

Entrée

SOUPE DE FOIE GRAS À L'HUÎTRE DE BÉLON & SA TARTINE DE FOIE GRAS GRILLÉ À LA FEUILLE D'HUÎTRE

INGRÉDIENTS
8 PERS.

Soupe de foie gras

1 kg de foie gras

8 huîtres de Bélon

Porto

Armagnac

50 cl de bouillon de poule

Cerfeuil

12 g de sel

3 g de poivre

Tartines de foie gras grillé à la feuille d'huître

2 tranches de pain de mie de 10 × 10 cm

Jeunes pousses de feuilles d'huître

Beurre clarifié

Billes d'huile d'olive ou huile d'olive

Fleur de sel

Poivre mignonnette

Chantilly à l'huître hachée

Huîtres

Crème liquide à 30 % de matières grasses

Chips de pomme de terre

Pommes de terre

Huile de friture

Petits pois et dés de tomate

Petits pois

Tomates

MARINADE DU FOIE GRAS

La veille, déveiner le foie gras : séparer les deux lobes délicatement. À l'aide d'un couteau aiguisé, soulever les veines et les tirer délicatement. Mettre le foie déveiné à mariner dans un saladier avec le sel, le poivre, de l'armagnac et du porto.

TARTINES

Le jour J, couper les tranches de pain de mie en rectangles de 2 cm de largeur, pour obtenir 8 tartines. Tremper les morceaux de pain de mie dans du beurre clarifié pour bien les recouvrir. Les disposer sur une plaque de four recouverte de papier sulfurisé. Les recouvrir d'une deuxième feuille de papier sulfurisé, puis déposer une plaque de four par-dessus afin de créer un poids. Les enfourner pour qu'ils soient bien dorés. Réserver.

CUISSON DU FOIE GRAS

Cuire au bain-marie à 160 °C pendant 12 minutes environ. Égoutter le foie, en couper un morceau d'environ 50 g et le réserver. Réserver également le gras.

CUBES DE FOIE GRAS GRILLÉS

Couper le morceau de foie gras réservé en 16 cubes de 1 cm de côté. Les faire revenir quelques minutes de chaque côté dans une poêle pour les colorer.

SOUPE DE FOIE GRAS

Mettre le foie dans un blender avec le bouillon de poule et mixer. Utiliser le gras du foie pour monter la soupe sur le principe d'une mayonnaise et chinoiser le tout pour éliminer les morceaux restants.

GARNITURES

Préparer la chantilly à l'huître hachée : hacher les huîtres. Monter la crème liquide en chantilly et incorporer les huîtres. Préparer les chips : éplucher les pommes de terre, les rincer et les trancher en fines lamelles de 2 mm d'épaisseur maximum à l'aide d'une mandoline. Rincer les lamelles plusieurs fois et bien les essuyer. Faire chauffer de l'huile et, lorsqu'elle a atteint 160 °C, plonger les lamelles petit à petit pour 3 à 5 minutes. Les chips doivent être bien dorées. Les égoutter sur du papier absorbant. Faire cuire les petits pois selon la préférence. Couper la ou les tomates en dés.

DRESSAGE & SERVICE

Servir la soupe tiède dans une assiette creuse avec 1 huître au milieu et une pluche de cerfeuil. Dresser sur le rebord une tartine avec quelques cubes de foie gras grillés, parsemer de mignonnette et de fleur de sel, disposer quelques feuilles d'huître et ajouter quelques perles d'huile d'olive. Servir avec les garnitures à part.

« *Chassé-croisé* terre-mer...

... pour *chic & choc* à la cuillère. »

Plat

PORC NOIR DE GASCOGNE EN FILET DORÉ À LA PLANCHA, PÂTÉ CHAUD DE BERTHE AU FOIE GRAS & AUX ARACHIDES, SAUCE MADIRANAISE

INGRÉDIENTS

10 PERS.

Porc

10 portions de 50 g de filet de porc

Sauce madiranaise

1 plat de côtes de cochon concassées + les parures des filets

5 échalotes émincées

1 bouchon de madiran rouge

Fond de veau

Sel, poivre

Pâte brisée du pâté

200 g de farine

100 g de beurre

50 g de lait

1 jaune d'œuf

4 g de sel

Farce du pâté

80 g de joues de porc

40 g de pieds de porc

8 g de lard gras

10 cubes de foie gras dorés de 1,5 cm

32 g d'échalotes

1,5 g d'ail

8 g de cacahuètes concassées

20 g de sauce madiranaise

24 g de porto

Sel, poivre

PORC

Préparer les filets de porc, puis les rouler avec du film transparent et réserver au frais.

SAUCE MADIRANAISE

Bien dorer la viande et débarrasser. Mettre les échalotes émincées dans la même poêle, éliminer l'excédent de gras et mouiller avec le vin. Laisser réduire de moitié, puis ajouter la viande et du fond de veau. Cuire doucement à consistance, rectifier l'assaisonnement et chinoiser.

PÂTE BRISÉE

Mélanger la farine et le sel avec le beurre. Ajouter le lait et le jaune d'œuf, et mélanger au robot avec la feuille pour obtenir une pâte homogène. Former une boule et mettre la pâte au frais pour 1 heure. Étaler finement la pâte, puis découper 10 cercles de 80 mm de diamètre pour former les bases du pâté en croûte (les fonçages) et 10 cercles de 50 mm qui serviront de couvercles.

FARCE

Parer les joues de porc et les mettre au sel 20 minutes. Les cuire doucement 2 heures avec une garniture aromatique, puis décanter et réserver. Les couper en dés. Suer le lard en brunoise, ajouter l'ail haché et les échalotes ciselées, déglacer au porto et laisser cuire un instant. Ajouter les joues, puis la sauce et les pieds de porc, assaisonner (bien poivrer) et cuire 5 minutes. Laisser refroidir. Ajouter les cacahuètes dans la farce, mélanger.

PÂTÉ

Récupérer les fonçages de pâte et mettre 15 g de farce dans chaque. Déposer un cube de foie au milieu, puis fermer et chiqueter la pâte pour une belle soudure. Aménager une cheminée à l'aide de papier sulfurisé. Cuire avant le service à 185 °C pendant 13 minutes. Ajouter quelques gouttes de sauce madiranaise par la cheminée.

GARNITURES

Tailler les sucrines effeuillées si besoin, pour avoir des ronds de 6 cm. Entourer la salade avec le lard, puis les dorer vivement sur la plancha avec un trait d'huile d'olive. Passer le céleri à la dérouleuse à légumes, rouler des cylindres et tailler à 1 cm d'épaisseur. Faire suer avec une noix de beurre et déglacer avec le jus de poire, laisser cuire un instant et réserver. Rouler une tagliatelle de céleri à la poire autour des sucrines. Tailler 30 losanges de piquillos, ainsi que 30 losanges d'anchois à l'huile.

Garniture

10 tranches fines de lard de porc noir

5 sucrines

½ céleri

100 g de jus de poire

Piquillos

Anchois

Purée de citron noir

Huile d'olive

Beurre

Décoration

Feuilles de laurier

Brins de thym

Salade d'herbes : cerfeuil, persil, ciboulette, oseille veinée

DÉCORATION, DRESSAGE & SERVICE

Dorer les portions de filets de porc à la plancha des deux côtés, puis les passer au four 2 minutes à 194 °C et les laquer de sauce madiranaise. Passer la garniture au four avec les pâtés et les filets laqués de sauce, puis dresser. Déposer sur chaque salade 3 points de purée de citron noir, ainsi que les losanges de piquillos et anchois. Ajouter une feuille de laurier dans le pâté, compléter avec la salade d'herbes sur les sucrines bardées, le céleri, les anchois et les piquillos, et présenter la sauce madiranaise en saucière.

« Triple interprétation *masculine-féminine*, pour un *couronnement* sans épines. »

VERRINE AUX AMANDES & AUX CERISES

INGRÉDIENTS
8 PERS.

Biscuit moelleux

100 g de farine
125 g de poudre d'amandes
75 g de sucre
125 g de sucre glace
125 g d'œufs
60 g de jaune d'œuf
180 g de blanc d'œuf
½ zeste de citron vert

Pralin d'amandes vanillé

250 g d'amandes entières
2 gousses de vanille
140 g de sucre blanc
25 g d'eau

Mousse au pralin d'amandes vanillé

250 g de lait
60 g de jaune d'œuf
40 g de sucre
22 g de maïzena
75 g de beurre
125 g de pralin d'amandes vanillé
175 g de Végétop

Confit de griottes

250 g de griottes
50 g de sucre
5 g de pectine NH

BISCUIT MOELLEUX
Mélanger la poudre d'amandes, le sucre glace, les jaunes d'œufs, les œufs et le zeste de citron. En parallèle, monter les blancs et les serrer avec le sucre. Les ajouter au premier mélange à la maryse, puis incorporer la farine. Étaler la pâte sur une plaque de four recouverte de papier sulfurisé, lisser à la hauteur de la plaque. Cuire 8 minutes à 180 °C dans un four à chaleur ventilée (niveau 3). Une fois le biscuit moelleux cuit, le saupoudrer de sucre glace de chaque côté. Détailler des cercles de 45 mm de diamètre à l'aide d'un emporte-pièce.

PRALIN D'AMANDES VANILLÉ
Mettre les amandes à torréfier au four à 180 °C. Pendant ce temps, dans une casserole, mélanger le sucre et l'eau, et faire bouillir. Dès la première coloration, retirer les amandes du four et les mettre dans la casserole. Continuer de cuire tout en remuant avec une spatule jusqu'à ce que l'ensemble soit caramélisé. Débarrasser sur une plaque et laisser refroidir. Mettre les amandes caramélisées dans la cuve d'un robot mixeur avec les grains de deux gousses de vanille, mixer à grande vitesse jusqu'à ce que le mélange arrive à 70 °C (vitesse 8 d'un Thermomix). Débarrasser en poche à douille et réserver au frais.

MOUSSE AU PRALIN D'AMANDES VANILLÉ
Dans une casserole, mettre le lait à bouillir. Parallèlement, dans un cul de poule, blanchir les jaunes d'œufs et le sucre, puis ajouter la maïzena. Incorporer ce mélange au lait et faire bouillir jusqu'à épaississement. Une fois cette préparation à 40 °C, débarrasser, puis mixer avec le beurre et le pralin d'amandes vanillé. Monter la Végétop au batteur et l'incorporer à la préparation précédente. Pour finir, débarrasser en poche à douille avec une douille lisse.

CONFIT DE GRIOTTES
Dans une casserole, faire chauffer les griottes avec les poudres préalablement mélangées et faire bouillir 4 minutes. Après refroidissement, mixer. Débarrasser en poche.

GEL DE CERISES NOIRES
ET TARTARE DE CERISES NOIRES
Dans une casserole, faire bouillir la purée de cerises avec l'agar-agar mélangé au sucre durant 3 minutes. Hors du feu, ajouter la gélatine préalablement réhydratée. Débarrasser la préparation dans un bac gastronorme ; après refroidissement, mixer au Thermomix et réserver en poche. Couper quelques cerises noires finement. Hacher des feuilles de tagète très finement. Les ajouter au tartare de cerises noires. Réserver.

MOUSSE LÉGÈRE DISARONNO
Dans la cuve du batteur, monter la Végétop, et ajouter le sucre glace et le Disaronno. Débarrasser en poche.

POUDRE D'AMANDON
Dans un cul de poule, mélanger les trois ingrédients et réserver en boîte.

Gel de cerises noires et tartare de cerises noires

Cerises noires

250 g de purée de cerises

Quelques feuilles de tagète

5 g de gélatine

2,5 g de agar-agar

17 g de sucre

Mousse légère Disaronno

365 g de Végétop

45 g de sucre glace

75 g de Disaronno

Poudre d'amandon

25 g de Maltosec

50 g de sucre glace

50 g d'huile d'amandon

Gel au guignolet

150 g de guignolet

50 g de purée de cerises

2 g de agar-agar

2 feuilles de gélatine

Le zeste de ½ citron vert

Cerises trempées au kappa

10 cerises noires

250 g d'eau

25 g de sucre

5 g de kappa

Feuille d'or

GEL AU GUIGNOLET

Dans une casserole, faire bouillir la purée de fruits et le guignolet avec l'agar-agar mélangé au sucre durant 3 minutes. Hors du feu, ajouter la gélatine préalablement réhydratée. Débarrasser la préparation dans un bac gastronorme, après refroidissement, mixer avec le zeste de citron frais et réserver en poche.

KAPPA ET CERISES GARNIES DE GEL AU GUIGNOLET

Couper très légèrement la base de chaque cerise, à l'aide d'une pince, et retirer le noyau. Remplir les cerises dénoyautées de gel au guignolet. Mélanger le sucre au kappa, puis verser dans l'eau froide à l'aide d'un fouet pour éviter de former des grumeaux. Porter le mélange à ébullition, puis l'utiliser immédiatement : tremper les cerises dans le kappa, couper l'extrémité de la tige et les décorer de feuille d'or.

DRESSAGE ET SERVICE

Dans le fond de la verrine, déposer un disque de biscuit moelleux. Par-dessus, déposer le confit de griottes, la mousse au pralin d'amandes vanillé, ainsi que du pralin d'amandes vanillé. Ajouter au centre de la mousse au pralin du tartare de cerises aux feuilles de tagète et du gel de cerises noires. Recouvrir le tout de mousse légère Disaronno. Saupoudrer de poudre d'amandon et disposer, pour finir, la cerise trempée au kappa au centre.

GASTON SAVINA + *Le Filip*

présentent

London ZAGREB

Entre la capitale croate et la City, rendez-vous à Paris au *Café Français* place de la Bastille, pour un *date* savoureux entre Le Filip, sacrée Reine de la saison 3 de *Drag Race France*, et Gaston Savina, chef de talent *over queer* qu'on a découvert dans *Top Chef* saison 14. Toujours enclins à trinquer, ces deux-là : le cuisinier a préparé pour la *Bunny Queen* un menu un rien alcoolisé, à dévorer sans modération.

GASTON SAVINA

L'IMPÉRIAL

Gaston a grandi dans une famille chasse aux champignons amoureuse des belles tables. « Jusqu'à 11 ans, j'ai été élevé par mes grands-parents. Mon papi était le cuisinier ; ma mamie s'occupait de l'art de la table. Je le revois poussant son beau chariot sur roulettes avec, selon les saisons, du saumon en bellevue, des fruits de mer, du caviar, du gigot d'agneau. »

Des souvenirs si prégnants et puissants que Gaston comprend dès l'âge de 7 ans qu'il en fera son métier. Avec son bac de cuisinier du réputé lycée hôtelier de Mâcon en poche, *baby*-chef Savina – 1,90 m tout de même – intègre, à Paris en 2012, la brigade du Dôme dirigée par le chef Franck Graux : « C'est un cuisinier formidable, et là, j'apprends tout du poisson. »

« Je vais ensuite avoir la chance de travailler pour un ministère et de régaler des politiques de premier plan. Ensuite, j'apprends le métier de traiteur auprès de la plus grande maison de France, Potel et Chabot. Plus formateur, tu meurs. J'y découvre l'opulence des grandes soirées Belle Époque aux budgets *unlimited*. » Queer hautement revendiqué, « ce n'est pas toujours bien vu, mais ça fait gagner du temps d'être franc du collier. Du coup, je n'ai jamais eu de soucis, car le tri s'est fait de lui-même. » Ce fulgurant cuisinier d'une extrême générosité surfe aujourd'hui sur toutes les vagues de la gastronomie, des plus classiques aux plus *trendy*, en passant par le régressif-nostalgique qu'il affectionne particulièrement.

Le grand public français a découvert Gaston dans la saison 14 de *Top Chef*, et l'anglais – Gaston vit à Londres – dans la saison 17 de *Master Chef* diffusée par la BBC, d'où il est sorti finaliste. Coup de canif dans son contrat *no chain no pain* – il était jusque-là cuisinier free-lance –, la Savina vient de lancer sa première affaire dans la City : « Le restaurant s'appelle *Cépage[s]*, Westbourne Park Road, dans le fameux quartier de Notting Hill. La carte est très, très française. Je veux faire rayonner notre gastronomie, à tous les prix et à tout prix. » *Well done, girl !*

Le Filip

L'ÉTINCELANTE

Elle est d'une drôlerie, du haut de sa logorrhée imbitable et pas toujours articulée, qu'on en oublie à quel point elle est d'une insolente beauté. Avec un charme plein de malice, à l'image des égéries des 60's que Le Filip affectionne spécialement. « J'avoue un énorme faible pour Petula Clark : son look, ses sourires, sa gestuelle… Je ressens les failles derrière le personnage, sa force aussi, elle me touche. » Ses lip-sync de la chanteuse britannique sont d'une hallucinante justesse et désopilants de la première à la dernière mesure.

Ce n'était pas gagné, et pourtant, elle l'a fait. « Devenir la reine de la saison 3 de *Drag Race France*, je voulais y croire. Des dizaines de fois, sous ma douche, j'imaginais mes speechs, remerciant le public, le jury, mes sœurs pour m'avoir hissée tout en haut du podium. » D'une intelligence remarquable, d'une culture indéniable, d'une sensibilité à fleur de peau, cette queen définitivement pas comme les autres est perchée dans son monde, protégée par une armure invisible qu'elle s'est forgée, histoire de se couper de la méchanceté et de la médiocrité ambiantes.

« C'est vrai que j'en ai chié enfant, adolescent. J'étais tellement efféminé. À tel point que ma mère s'est demandé si je ne faisais pas une dysphorie de genre (mal-être lié au décalage entre le genre ressenti et le sexe assigné à la naissance). » Être enfant unique n'aide pas, tout comme les multiples transbahutages (sa maman est diplomate) de Zagreb à Washington, Washington à Rabat, Rabat à Paris, Paris à Zagreb.

« En 2014, j'ai 19 ans et je décide de m'installer à Paris. Je commence enfin à me lier, à sociabiliser avec des Terrien·nes. Non sans mal, mais j'avais le sentiment que c'était la ville où j'allais enfin pouvoir me révéler. » Des couacs de scène à ses débuts, Le Filip, un rien éméchée, en a connu. Mais le talent, ça ne s'invente pas, et il a fini par reprendre le dessus. Elle en est victime à profusion, et nous, on est plié·es de rire, les zygomatiques en feu.

« Petite merveille de *raffinement iodé*,
pour mettre la mer à la bouche et *s'émoustiller.* »

Entrée

HUÎTRES GRATINÉES AU CHAMPAGNE & AU PORTO, HUILE D'ANETH

INGRÉDIENTS
6 PERS.

18 huîtres

2 échalotes

1 botte d'aneth fraîche

8 jaunes d'œufs

15 cl de champagne

10 cl de porto rouge

100 g de beurre doux

15 cl d'huile neutre (pépin de raisin ou tournesol)

Sel, poivre du moulin

Gros sel (pour la stabilité à la cuisson et la présentation)

HUÎTRES
Préchauffer le four en mode gril à 220 °C. Ouvrir les huîtres en maintenant leur jus à l'intérieur. Les déposer sur un lit de gros sel dans la lèchefrite du four pour leur stabilité.

CONFIT D'ÉCHALOTES AU PORTO
Peler et ciseler finement les échalotes en brunoise. Dans une casserole, les faire revenir à feu doux sans coloration. Déglacer avec le porto et laisser réduire jusqu'à obtenir une consistance sirupeuse. Assaisonner avec du sel et du poivre, puis laisser refroidir.

SABAYON AU CHAMPAGNE
Dans un cul-de-poule, fouetter les jaunes d'œufs au bain-marie jusqu'à ce qu'ils commencent à épaissir et doubler de volume. Incorporer progressivement le beurre coupé en morceaux tout en fouettant énergiquement. Détendre ensuite la préparation avec le champagne, en continuant de mélanger jusqu'à obtenir une texture mousseuse et onctueuse. Retirer du feu et réserver à température ambiante.

HUILE D'ANETH
Mixer l'huile neutre avec l'aneth jusqu'à obtenir un mélange homogène. Faire chauffer à feu doux jusqu'à frémissement, puis passer au chinois fin pour retirer les particules. Réserver l'huile verte parfumée dans un contenant.

MONTAGE & CUISSON
Dans chaque huître, ajouter 1 c. à c. de confit d'échalotes. Recouvrir délicatement de sabayon. Faire gratiner sous le gril du four pendant 3 à 4 minutes, jusqu'à ce que la surface soit légèrement dorée. À la sortie du four, déposer quelques gouttes d'huile d'aneth sur chaque huître pour apporter une touche de fraîcheur et une belle couleur.

DRESSAGE & SERVICE
Servir immédiatement sur un lit de gros sel pour maintenir les huîtres en place. Accompagner d'un verre de champagne bien frais pour sublimer les saveurs.

Plat

CHOU FARCI AU CONFIT DE BŒUF, SAUCE AUX ÉPICES D'EUROPE DE L'EST

« Un chou aux saveurs d'*enfer*,
pour envoyer votre palais en l'*air*. »

INGRÉDIENTS
6 PERS.

1 kg de viande de bœuf (paleron, joue, plat de côtes ou poitrine)

1 chou vert frisé

2 oignons jaunes

2 poivrons rouges

4 gousses d'ail

1 bouquet garni

1 c. à s. de paprika doux

1 c. à c. de paprika fumé

1 c. à c. de cumin en poudre

1 l de bouillon de bœuf

2 c. à s. d'huile neutre

Sel, poivre du moulin

CONFIT DE BŒUF

Couper la viande en morceaux de taille moyenne. Faire chauffer l'huile dans une grande cocotte et faire dorer les morceaux sur toutes leurs faces. Ajouter les oignons et les poivrons coupés en lamelles, les gousses d'ail écrasées. Faire revenir 5 minutes. Incorporer le paprika doux, le paprika fumé et le cumin, puis bien mélanger. Verser le bouillon de bœuf, ajouter le bouquet garni et assaisonner avec sel et poivre. Couvrir et laisser confire à feu doux pendant 4 à 5 heures, jusqu'à ce que la viande soit fondante. Retirer la viande et l'effilocher à l'aide de deux fourchettes. Filtrer la sauce et la faire réduire à feu moyen jusqu'à ce qu'elle épaississe légèrement.

CHOU

Détacher délicatement les feuilles du chou. Les plonger dans une grande casserole d'eau bouillante salée pendant 3 minutes pour les blanchir. Les égoutter, puis les déposer sur un torchon propre pour absorber l'excès d'eau. Tapisser un moule à cake de film alimentaire pour faciliter le démoulage. Disposer une première couche de feuilles de chou au fond et sur les bords du moule, en laissant dépasser les feuilles pour refermer. Ajouter une couche de viande effilochée, puis recouvrir de feuilles de chou. Répéter l'opération en alternant viande et feuilles de chou jusqu'en haut du moule. Replier les feuilles de chou qui dépassent pour refermer hermétiquement le montage. Presser légèrement avec les mains, puis placer un poids dessus et laisser reposer au réfrigérateur au moins 4 heures (idéalement 1 nuit) pour bien figer la préparation.

DRESSAGE & SERVICE

Démouler le chou farci et le découper en belles tranches épaisses. Saupoudrer légèrement de paprika doux pour la finition. Servir avec la sauce réduite bien chaude, à napper sur chaque portion.

Dessert

CRÊPES SUZETTE FLAMBÉES AU ST-GERMAIN, BEURRE D'ORANGE & GRAND MARNIER

«Une double dose d'*élixirs*, pour *fondre* de plaisir.»

INGRÉDIENTS
12 CRÊPES

Crêpes

250 g de farine
3 œufs
50 cl de lait entier
50 g de beurre fondu
1 c. à s. de sucre
1 pincée de sel
6 cl de St-Germain

Beurre d'orange & Grand Marnier

150 g de beurre doux (pommade)
50 g de sucre en poudre
Le zeste de 2 oranges
Le jus de 2 oranges
4 cl de Grand Marnier

CRÊPES
Dans un saladier, mélanger la farine, le sucre et le sel. Ajouter les œufs un par un, puis incorporer progressivement le lait en fouettant pour éviter les grumeaux. Ajouter le beurre fondu, bien mélanger, puis laisser reposer 30 minutes. Faire chauffer une poêle antiadhésive légèrement beurrée et réaliser 12 crêpes fines. Réserver au chaud.

INFUSION BEURRE D'ORANGE & GRAND MARNIER
Dans un bol, mélanger le sucre et les zestes d'orange. Laisser reposer 5 minutes, que les arômes se libèrent. Ajouter le jus des oranges et le Grand Marnier. Bien mélanger. Incorporer le beurre pommade et travailler le mélange jusqu'à obtenir une texture homogène. Laisser infuser au frais pendant 30 minutes, que les saveurs se développent.

MONTAGE & FLAMBAGE
Faire chauffer doucement le beurre d'orange dans une grande poêle. Y plonger les crêpes une par une pour bien les imbiber, puis les plier en quatre. Augmenter un petit peu le feu et laisser légèrement caraméliser. Hors du feu, ajouter le St-Germain, puis flamber immédiatement en inclinant doucement la poêle. Laisser la flamme s'éteindre d'elle-même.

DRESSAGE & SERVICE
Servir immédiatement les crêpes, nappées de la sauce encore chaude, avec un zeste d'orange râpé pour sublimer les arômes.

« Et que *ça saute !*

Version *flamboyante*...

137

... et *enivrante* ! »

JULIA SEDEFDJIAN + *Sublyme*

présentent

THE BUTCH *& the Bitch!* = SAME BEAUTY

Elles sont si jumelles ! Ça ne saute pas forcément aux yeux, mais elles partagent cette même grâce sans rivale. L'une, de ses dix doigts d'une finesse inénarrable ; l'autre, de ses deux jambes qui semblent interminables. La cheffe Julia Sedefdjian et l'artiste drag queen Sublyme sont aussi connues pour ne pas être des plus commodes. Normal, elles visent les étoiles : la perfection dans l'assiette et sur scène. Leur autre point commun ? La fidélité en amitié ! Pour vos beaux yeux, elles courraient vous décrocher la lune. Sans hésitation, sans contrefaçon.

JULIA SEDEFDJIAN

LA SURDOUÉE

Quand on est une cheffe dévorée par la passion, on rêve fatalement d'étoiles décernées par l'incontournable Guide Michelin. « Sauf qu'on est en 2016, j'ai tout juste 21 ans, je travaille pour Christian Constant aux Fables de La Fontaine – considéré juste comme un bon bistrot –, et là, une étoile tombe. Tout le monde est sur le cul ; moi la première. »

Neuf ans plus tard, Julia reste la plus jeune cheffe étoilée de France, et bien sûr, elle s'est émancipée de son mentor originaire du Sud-Ouest pour ouvrir sa propre table, elle, rivée sur le Sud-Est, baptisée adorablement *Baieta* : « qui signifie "bisou" en provençal » (5, rue de Pontoise dans le 5e arrondissement de Paris, à deux pas de la Seine, avec vue sur Notre-Dame).

« La cuisine, pour moi, c'est bien plus qu'une passion, j'aime entreprendre et travailler sur de nouvelles inspirations, de nouveaux projets. Une vie sans rêves, c'est comme une nuit sans étoiles. » D'origine niçoise, cette surdouée des fourneaux anoblit avec une prouesse déconcertante la cuisine ensoleillée de son enfance, à renfort d'épices qu'elle maîtrise avec la perfection d'une ensorceleuse en chimie. Son aïoli ou sa bouillabaisse revisité·es sont à tomber de prouesse, ruez-vous sur son compte Insta pour vous mettre l'eau à la bouche, entre vie pro et perso : « J'aime les réseaux sociaux, j'ai une belle communauté de fidèles. Iels me suivent et m'encouragent, c'est donc avec beaucoup de fierté et d'amour que j'ai pu aussi exposer ma vie de couple avec une femme et la naissance de notre fils. »

Investie dans la lutte contre toutes les formes de discriminations, Julia ne se pose pas en lesbienne modèle. « Je suis juste en phase avec moi-même. Je m'assume telle que je suis, je fais selon mes principes et mes valeurs. Chacun·e a sa place sur cette terre. Et si je peux inciter des personnes qui ont peu confiance en elles à se libérer et ne pas se dévaloriser, alors j'aurai gagné un bon point. » Une autre étoile *beloved*, celle du cœur, et tu l'as depuis longtemps décrochée.

Sublyme!

LA DIVINE

« Ma révélation ? J'avais 13 ans, à la télé, un spectacle du Moulin Rouge. Et là, je suis subjugué. Les plumes, les strass, les paillettes… Tout ce que je vois me parle, sans savoir le pourquoi du comment. Je sens, je sais juste que je veux faire partie de ce monde-là. » Vœu exaucé !

Sublyme incarne aujourd'hui *la* meneuse de revue dans toute son excellence, version drag d'une *realness* hallucinante. Comprenez par là qu'elle donne tellement le change que le public féminin jalouse à l'envi sa silhouette, son galbe, ses fesses ; quant au masculin, spécialement du genre hétéro, il est langue pendue façon loup de Tex Avery : subjugué et médusé.

C'est qu'elle sait chauffer sa salle, la *beauty queen*, dans ses – trop rares – effeuillages d'une féminité exacerbée. Dans ses numéros de lip-sync, règne ce même glam absolu : « Marilyn Monroe avec ses poses, Dita Von Teese avec sa gestuelle, Sylvie Vartan avec ses tenues époque disco inspirent mon idéal féminin. »

D'une renversante beauté, Sublyme est d'un complexé qu'on peine à imaginer : « Comme j'ai peur du bistouri, l'opération n'est pas pour demain. Pourtant, je déteste tellement mon nez ! Alors je m'évertue avec une minutie maladive à le contourer (de *contouring*, l'art, en maquillage, de redessiner les formes de son visage dans un jeu d'ombres et de lumières). »

Le passage de Sublyme à Clément – et inversement – est spectaculaire. « Après le show, une fois démaquillé et habillé en garçon avec ma casquette, personne ne me reconnaît. » Zéro frustration, ça l'amuse, même. Raccord avec le personnage double-face qui navigue entre masculin introverti et féminin extraverti, à la fois d'une timide discrétion et d'une gouaille tonitruante à la Mistinguett ou Régine, la reine *forever* de la nuit. « Sans ma mère, je n'en serais pas là, elle est mon premier soutien, ma première fan. Je lui dois tout. » Amen.

« *What the fuck* de fraîcheur *Flower Power*.
Light et coloré, à dévorer comme le *bonheur*. »

Entrée

DUO DE SAINT-JACQUES, MOUSSELINE DE PETITS POIS & PISTOU D'AIL DES OURS

INGRÉDIENTS
6 PERS.

12 noix de Saint-Jacques
1,5 kg de petits pois frais
200 g d'ail des ours
1 citron
100 g de parmesan
Piment d'Espelette
15 g de beurre
Huile d'olive
Sel, fleur de sel
Glaçons

MOUSSELINE ET SALADE DE PETITS POIS
Écosser les petits pois, les cuire pendant 3 minutes dans de l'eau bouillante salée. Mixer la moitié avec 20 cl d'eau de cuisson, 6 feuilles d'ail des ours et quelques glaçons (pour conserver un vert éclatant). Assaisonner et réserver au frais. Avec l'autre moitié bien refroidie, réaliser une salade en assaisonnant de sel, de piment et de ½ jus et de zestes de citron.

PISTOU D'AIL DES OURS
Blanchir 50 g d'ail des ours en plongeant les feuilles 30 secondes dans de l'eau bouillante salée, avec de l'huile d'olive. Bien égoutter. Mixer 100 g d'ail des ours cru avec l'ail blanchi et le parmesan. Assaisonner.

SAINT-JACQUES
Rôtir les Saint-Jacques à la poêle, bien les colorer au beurre, puis les enrouler d'une feuille d'ail des ours. Râper le reste de zestes à parsemer avec quelques grains de fleur de sel.

DRESSAGE & SERVICE
Remplir une poche de mousseline de petits pois et de pistou d'ail des ours. Réaliser un contour, disposer les Saint-Jacques dessus, puis ajouter la salade de petits pois.

Plat

BOUILLABAIETA

INGRÉDIENTS
6 PERS.

Soupe de poisson

1,2 kg de poissons de roche (rouget, rascasse, congre, roucaou)

1 lotte (600 g)

1 Saint-Pierre (800 g)

1 rascasse (800 g)

1 seiche (500 g)

3 tomates mûres

2 bulbes de fenouil

1 branche de céleri

1 carotte

4 gousses d'ail

2 branches de thym

Le jus de 1 citron jaune

Huile d'olive

Sel, fleur de sel, poivre du moulin

Pommes de terre, rouille & croûtons

4 grosses pommes de terre

1 pomme de terre cuite et écrasée

10 g de safran en poudre

50 g d'ail haché

1 gousse d'ail

Le jus de ½ citron

1 baguette de pain

50 g d'huile de tournesol

Sel, poivre

Mousseline de fenouil

4 bulbes de fenouil

1 branche de thym

Huile d'olive

Sel, poivre

SOUPE DE POISSON
Vider, nettoyer les poissons de roche. Les faire revenir 10 minutes à feu moyen avec un peu d'huile d'olive, l'ail et le thym, puis ajouter les tomates coupées en morceaux, le fenouil, le céleri et la carotte. Mouiller avec de l'eau jusqu'à hauteur, porter à ébullition à feu vif pendant 5 minutes, puis poursuivre à feu doux pendant 2 à 3 heures. Mixer le tout, puis passer dans un presse-purée. Assaisonner de sel, de poivre et de jus de citron.

POISSONS
Habiller, lever les filets des poissons (lotte, Saint-Pierre, rascasse et seiche) et les tailler en morceaux de 40 g environ. Les cuire dans la soupe de poisson pendant 4 minutes environ et les égoutter.

POMMES DE TERRE SAFRANÉES
Tailler les pommes de terre en cubes de 2 cm et les cuire (départ à froid) dans un peu de soupe de poisson et un peu de safran pendant 15 minutes.

ROUILLE
Mélanger la pomme de terre cuite et écrasée avec l'ail haché, le safran restant, du sel et du poivre. Monter au batteur avec l'huile de tournesol et ajouter le jus de citron.

CROÛTONS
Tailler le pain en tranches de 1 cm d'épaisseur, les toaster et les frotter avec la gousse d'ail. Réserver.

MOUSSELINE DE FENOUIL
Émincer les bulbes restants, les faire suer 10 minutes dans une grande casserole avec de l'huile d'olive et le thym, puis les cuire à couvert pendant 30 minutes, pour qu'ils soient bien fondants. Assaisonner. Mixer l'appareil avec un filet d'huile d'olive jusqu'à obtenir une mousseline lisse.

DRESSAGE & SERVICE
Dans une assiette creuse, dresser la mousseline de fenouil, ajouter 4 cubes de pomme de terre au safran et 2 morceaux de chaque poisson. Pocher en serpentin la rouille sur le tout, puis ajouter un trait d'huile d'olive et une pincée de fleur de sel. Verser la soupe de poisson devant chaque convive. Servir la rouille restante et les croûtons à part.

« Il était une fois une *magicienne*, une *sorcière*...

... une chimiste, une ensorceleuse des *épices*. »

Dessert

FRAÎCHEUR DE KIWI, SORBET COCO, MERINGUE & FEUILLES DE SHISO VERT

« Un avant-goût du *paradis* au comble de l'*exquis*. »

INGRÉDIENTS
6 PERS.

6 kiwis
2 citrons verts
3 feuilles de shiso vert
200 g de blanc d'œuf
200 g de crème
200 g de mascarpone
500 g de purée de coco
150 g de lait de coco
Poudre de coco
195 g d'eau
100 g de sucre semoule
30 g de sucre
10 + 100 g de sucre glace
7 g de stabilisant pour sorbet
1 g d'acide citrique
Soupçon de vanille (poudre ou gousse)

MERINGUE
Monter les blancs d'œufs en neige à l'aide d'un batteur, puis serrer au sucre semoule quand la texture est bien lisse et consistante. Ajouter 10 g de sucre glace et l'acide citrique à l'aide d'une maryse. Pocher en petites boules sur une plaque de cuisson et parsemer de poudre de coco. Cuire au moins 2 heures à 83 °C.

SORBET
Faire bouillir l'eau avec le sucre et le stabilisant, puis verser le tout sur la purée de coco. Assaisonner de vanille et de zestes de citron vert. Réserver au congélateur ou en sorbetière.

CRÈME COCO
Monter au batteur la crème avec le lait de coco, le mascarpone et 100 g de sucre glace. Mettre en poche.

DRESSAGE & SERVICE
Tailler les kiwis en rondelles de 0,8 mm, puis, à l'aide d'un emporte-pièce rond ou en fleur, enlever leur peau. Préparer des morceaux de feuilles de shiso. Dresser l'assiette en alternant les rondelles de kiwi, la crème coco, la meringue et le shiso, puis achever avec le sorbet.

GIN

ELOI SPINNLER + *Alice Psycho*

présentent

BIENVENUE CHEZ *les* *Dingos!*

Totalement givré·es, ces deux énergumènes animé·es d'un feu sacré !
Et quand ça cause, c'est en mode mitraillette, à l'image de leur destinée,
qui bat à cent (voire bien plus) à l'heure. Leurs cervelets hyperactifs ne sont pas
toujours connectés à la planète Terre, mais Alice Psycho et Eloi Spinnler
n'en perdent pas pour autant le nord quand il s'agit de faire le bien
ou de déployer leurs ailes pour nous régaler de leurs mille et une folies.

ELOI SPINNLER

LE MAJESTUEUX

« Allez, en piste ! » Eloi, d'*eligius*, qui signifie… « Ça commence bien ! Ça veut dire "élu". Une idée de ma maman, inspirée par la jolie petite église de Bourgogne où elle a grandi. Mais *too much*, je ne suis pas un élu ! Et puis de quoi, de qui ? Ça serait vertigineux. » N'empêche, Eloi, dans la Bible, est le missionnaire intrépide. Et cette prérogative, le cuisinier ne saurait la trahir. « C'est génial, d'être vivant. Et quitte à l'être, autant en profiter et se marrer ! Tant que je suis heureux, je peux faire ce que je veux. »

Bientôt 31 ans, et déjà trois restaurants pour ce surqualifié aux sept ans de formation – un record – à l'école Ferrandi. Après *Orgueil*, ouvert en 2022, dans le toujours bouillonnant 11e arrondissement de la capitale ; *Colère*, en 2024, quasi en face des *Folies Bergère* ; Eloi Spinnler inaugure, en cette rentrée 2025, *Envie*, au cœur du Marais. « C'est un quartier mythique, exceptionnel, le plus ouvert d'esprit de Paris. C'est le *safe space* d'une communauté qui n'y sera pas jugée. Mon mantra ? Porter sur le monde le regard sans haine de Miyazaki. »

Tel un croisé qui trace sa route, il reste au *successfull* chef – « avec mon associé, Benoît Piante » – quatre péchés capitaux pour boucler la boucle : avarice, luxure, paresse et gourmandise. « Ma référence n'est pas le film *Seven*, mais un manga, *Fullmetal Alchemist*, l'histoire de deux frères et de sept méchants. » Eloi ou le roi Arthur en quête du Graal ? « Non, je l'entends comme un objectif. Ce n'est pas une fin en soi, de posséder sept restaurants. Plus jeune, je le pensais ; aujourd'hui, je sais que mon Graal, c'est essayer d'être un bon patron. On fait toustes des erreurs, mais le plus important, c'est d'assumer. Être meilleur·e que la veille, le plus juste possible, faire que les gens qui nous entourent soient heureux dans le spectre qui nous appartient… » Pour se bonifier, le bon Eloi n'en finit pas de faire son introspection, du bien-être de ses équipes au respect de la planète avec son « combat d'une vie » : le zéro déchet.

Il n'est pas beau, il est bien plus : une « gueule », comme on dit au cinéma. On l'imagine volontiers dans un film d'époque, avec sa frimousse ruisselante de charme, aux traits fins, racés, délicieusement surannés. « J'ai fait sept ans de théâtre. Un seul casting avec réponse négative. Reprendre ? Ça me dit bien. » Pas besoin d'être devin, il suffit de regarder ses vidéos sur les réseaux, avec ses parodies de télécrochets gastronomiques : *Top Chèvre* ou *Qui sera le meilleur commis ?* « Je ne me moque pas, ce serait malveillant. Je m'amuse et j'utilise ma visibilité pour faire passer des messages, du gustatif à l'inclusif. » Ça y est, vous avez un *crush* ? Normal : Dieu lui a donné la foi.

Alice Psycho

LA STUPÉFIANTE

« *I know*, je suis énervante. Je sais tout faire, tout interpréter, et on m'envie tellement. Que voulez-vous ? *I'm over gifted.* » Sous ses airs de supériorité pour amuser la galerie, Alice Psycho s'avère une folle alliée, qui prend la vie au énième degré.

Aussi à l'aise en traînée au grand cœur qu'en dadame rangée bien réac, en Lady Macbeth impériale qu'en impayable diseuse de bonne aventure, autant capable d'apparaître monstrueusement laide – elle adore Halloween – que furieusement belle, c'est aussi une imitatrice de premier rang (Brigitte Fontaine, Dalida, Karl Lagerfeld, Mylène Farmer...), une excellente danseuse et une chanteuse à la voix suave « et ô combien pénétrante. J'ai un organe redoutable qui ne lasse pas d'envoûter, ne trouvez-vous pas ? Sans parler de mon oreille absolue, que j'ai pour ma part en double. »

Cette sacrée mytho qui en a dans le ciboulot – Alice/ Charles est ingénieur diplômé d'HEC – endosse dans la vraie vie l'habit de statisticien, métier qu'il enseigne. « J'en suis très fier et j'ai beaucoup de chance, mais c'est sûr, ça surprend. Quand on me questionne sur ma profession, et que l'on croit – parce que la musique est trop forte – que j'ai répondu esthéticien, je laisse croire, ça me fait trop rire. »

Son humour, si jouissif dès qu'il bascule dans le noir, Alice Psycho en a ciselé chaque contour du côté de San Francisco, où elle a vécu un an durant. « Cette année-là, je ne suis pas près de l'oublier. C'est là que j'ai commencé le drag. En 2015, la scène française existait à peine, alors qu'à San Francisco, il n'y avait pas un bar ou une boîte de nuit sans son *drag show*. J'ai une pensée pour Honey Mahogany au *Midnight Sun* ou pour la légendaire Heklina, patronne de l'*Oasis*, qui nous a récemment quitté·es. Elles m'ont inspirée pour devenir – en toute modestie – l'immense queen que je suis aujourd'hui. »

Entrée

ROULETTE RUSSE

« Une brioche pleine de *surprises*...
... qui ne demande qu'à *être prise* ! »

INGRÉDIENTS
4 PERS.

Pâte à brioche

200 g de farine T55
70 g de lait
60 g de beurre de tourage
30 g de beurre pommade
20 g d'œufs (jaune et blanc)
10 g de sucre
2 g de levure fraîche
2 g de sel

Condiments

2 oignons
100 g de beurre
100 g d'olives de Kalamáta
Piments Bubblegum (ou Habanero) et saumure à 4 % ou crème au piment d'Espelette
Vinaigre de Xérès
Huile neutre
Sel

PÂTE À BRIOCHE

Dans un bol, mélanger la levure, le lait et les œufs. Dans le batteur, mélanger le sucre, la farine et le sel. Y ajouter les liquides et mélanger à vitesse basse pendant une dizaine de minutes. La pâte doit être homogène et se décoller des bords de la cuve. Incorporer le beurre pommade. Étaler le beurre de tourage en un carré de 0,5 à 1 cm d'épaisseur. Étaler la pâte en un carré un peu plus grand que le carré de beurre de tourage. Placer ce dernier au centre de la pâte et refermer les côtés de la pâte par-dessus pour le recouvrir. Réaliser les tours : 1 tour simple, 1 tour double, puis 1 tour simple.

Tips pour les tours :
Tour simple : étaler la pâte trois fois plus longue que large, la replier en trois, puis faire un quart de tour vers la droite (l'ouverture doit être à droite).
Tour double : étaler la pâte trois fois plus longue que large, rabattre les extrémités vers l'intérieur pour qu'elles se touchent (la jointure ne doit pas être exactement au centre), puis replier en deux. Faire un quart de tour, l'ouverture toujours à droite.

Réserver au frais pendant 3 heures. Étaler en un rectangle de 15 cm de large sur 1,50 m de long. Détailler des bandes de 3 cm de large, les rouler et les placer dans un moule rond les unes à côté des autres pour former une fleur. Laisser pousser 45 minutes à 1 heure dans un endroit chaud. Cuire 5 minutes à 200 °C, puis 7 minutes à 180 °C dans un four à 50 % d'humidité, ou placer un petit récipient d'eau dans le four si on ne dispose pas de cette option.

CONDIMENTS

Prendre des piments, retirer les têtes, mixer, peser, puis ajouter une saumure à 4 %. Fermer le bocal et laisser fermenter deux semaines. À défaut, utiliser une crème au piment d'Espelette ou un condiment de légumes pimentés, relevé avec un peu de piment en poudre. Émincer les oignons dans le beurre, les faire suer puis caraméliser. Déglacer au vinaigre de Xérès, saler, puis mixer jusqu'à obtenir une texture lisse. Mixer les olives de Kalamáta avec leur huile.

DRESSAGE & SERVICE

Garnir la brioche avec les condiments.

COLÈRE
Tech

PRESSÉ DE CANARD, NOODLES & GEL À L'AIR NOIR

« Des nouilles qui font *sensation*. Entre pressé et réduction. »

INGRÉDIENTS
4 PERS.

Noodles

143 g d'eau

115 g de farine T45

29 g de farine de seigle

11 g de sel

Jus de canard

2 carcasses de canard

1 blanc de poireau

1 carotte

½ oignon

Sauce

50 g du jus de canard

20 g de beurre

Poivre

Un peu d'eau de cuisson

Pressé de cuisse de canard

200 g de cuisse de canard

Piment d'Espelette

Sel, poivre

Chips de peau de poulet

1 peau de poulet

Gel à l'ail noir

335 g d'huile neutre

150 g d'ail noir

15 g de jus de citron

PÂTE À NOODLES
Diluer le sel dans l'eau à l'aide d'un fouet. Ajouter les farines. Pétrir pendant 10 minutes. Filmer et réserver au frais pendant 30 minutes. Ensuite, étaler à 2 mm d'épaisseur, puis couper au couteau en bandes de 1 mm de largeur. Bien fariner pour éviter que les noodles collent, puis réserver au réfrigérateur.

JUS DE CANARD
Torréfier 2 carcasses de canard au four à 180 °C pendant 20 minutes. Mouiller à l'eau à hauteur et cuire 3 heures à petite ébullition avec les légumes dans le bouillon. Récupérer uniquement le liquide et faire réduire jusqu'à obtention d'une consistance brune et sirupeuse.

SAUCE
Pour la finition de la sauce, ajouter un peu d'eau de cuisson dans la réduction du jus de canard, ainsi que le beurre. Laisser réduire doucement jusqu'à obtenir une texture sirupeuse et brillante (on dit aussi « glacée »), puis poivrer.

PRESSÉ DE CUISSE DE CANARD
Désosser les cuisses de canard, les assaisonner (piment d'Espelette, sel, poivre). Bien les étaler dans un plat recouvert de papier sulfurisé. Ajouter un peu de gras de canard (du beurre fait aussi très bien l'affaire). Presser avec du poids. Cuire à 180 °C pendant 20 minutes. Découper de jolis carrés et les colorer à la poêle avec un peu de beurre.

CHIPS DE PEAU DE POULET
Étaler la peau de poulet entre deux plaques, avec du papier sulfurisé dessus et dessous. Cuire avec un poids dessus à 180 °C pendant 25 minutes. Laisser sous pression à la sortie du four pendant 10 minutes. La laisser entière pour un effet visuel ou la casser en morceaux pour jouer sur les textures.

GEL À L'AIL NOIR
Mixer l'ail noir, ajouter le jus de citron, puis monter progressivement à l'huile.

DRESSAGE & SERVICE
Dans chaque assiette, déposer un pressé de cuisse de canard, recouvrir délicatement de noodles et décorer avec des chips de peau de poulet. Arroser de sauce et décorer de billes de gel à l'ail noir.

SOUFFLÉ AU CHOCOLAT & AU MISO

INGRÉDIENTS
4 PERS.

Préparation des moules

Beurre

Sucre semoule

Appareil soufflé chocolat

Crème pâtissière

150 g de chocolat fondu

150 g de lait

30 g de jaune d'œuf

9 g de farine

Blanc monté

100 g de blanc d'œuf

40 g de sucre

0,5 g de xanthane

Appareil soufflé miso

Crème pâtissière

150 g de lait

30 g de jaune d'œuf

12 g de miso

9 g de farine

Blanc monté

100 g de blanc d'œuf

40 g de sucre

0,5 g de xanthane

Crème pâtissière kasha

20 g de jaune d'œuf

15 g de sucre

8 g de kasha

5 cl de lait

5 cl de crème à 30 % de matières grasses

PRÉPARATION DES MOULES

Réaliser un beurre pommade bien souple. À l'aide d'un pinceau, chemiser soigneusement les moules en badigeonnant du fond vers le haut, avec des gestes bien droits pour faciliter la montée du soufflé. Saupoudrer ensuite de sucre semoule, en veillant à bien recouvrir toute la surface beurrée. Tapoter pour retirer l'excédent.

APPAREIL SOUFFLÉ CHOCOLAT

Faire chauffer le lait dans une casserole. À côté, faire fondre le chocolat au bain-marie. Blanchir les jaunes avec la farine. Délayer avec le lait chaud. Cuire comme une crème pâtissière : remettre sur feu doux en remuant jusqu'à ce que la crème épaississe. Ajouter le chocolat fondu. Débarrasser, puis réserver au frais. Mettre le xanthane dans le sucre. Monter les blancs en neige, ajouter le sucre pour les serrer. Incorporer les blancs en plusieurs fois à la crème pâtissière.

APPAREIL SOUFFLÉ MISO

Faire chauffer le lait avec le miso dans une casserole. Blanchir les jaunes avec la farine. Délayer avec le lait chaud. Cuire comme une crème pâtissière : remettre sur feu doux en remuant jusqu'à ce que la crème épaississe. Débarrasser, puis réserver au frais. Mettre le xanthane dans le sucre. Monter les blancs en neige, ajouter le sucre pour les serrer. Incorporer les blancs en plusieurs fois à la crème pâtissière.

CRÈME PATISSIÈRE KASHA

Fouetter la crème liquide jusqu'à ce qu'elle soit mi-montée (texture souple et aérienne). Incorporer la kasha finement mixée pour obtenir une crème parfumée, légère et onctueuse. Faire chauffer le lait, puis le verser progressivement sur le mélange de jaunes d'œufs et de sucre en fouettant. Remettre sur feu doux en remuant jusqu'à ce que la crème épaississe. Ajouter le mélange à la kasha, puis laisser refroidir.

MONTAGE DE L'APPAREIL

Verser les appareils à soufflé équitablement dans les moules jusqu'à ras bord. Lisser délicatement la surface avec une spatule, puis bien nettoyer les bords : passer le bout du pouce tout autour du moule pour décoller légèrement l'appareil et favoriser une belle montée du soufflé.

CUISSON

Enfourner les soufflés dans un four sec à 190 °C pendant environ 15 minutes. Ne pas ouvrir la porte du four pendant la cuisson pour garantir une levée optimale.

DRESSAGE & SERVICE

Servir les soufflés immédiatement à la sortie du four, accompagnés d'une cuillère généreuse de crème kasha.

«Un *classique* qui en jette...

... pour *subjuguer* les esthètes !»

THIBAUT SPIWACK + *Mariska Stardust*

présentent

Minots MILLÉNIAUX

On peine à y croire, car on leur donnerait aisément dix ans de moins.
En cette cuvée sacrée de l'an 2025, ce tandem millésime 86, composé du chef Thibaut Spiwack, né à Gif-sur-Yvette, et de la *reina española* Mariska Stardust, née du côté de Valencia (c'est déjà plus glam'), atteint pile 39 ans.
Leur insolente fraîcheur est le fruit d'une alimentation saine haute traçabilité, agrémentée de flacons bien choisis, de préférence en biodynamie.
Parler fort et faire la fiesta : le meilleur des élixirs de jouvence.

THIBAUT SPIWACK

L'ÉPICURIEN

Il a beau paraître un petit cœur sur deux pattes, il n'en est pas moins du type déterminé. « À la base, la zoologie me passionnait, et je voulais faire ranger-vétérinaire, à soigner et sauver des grosses bêtes. Mais la cohabitation avec le professorat s'est avérée compliquée. Mon père et ma mère, toustes deux ingénieur·es, ont été un peu choqué·es lorsque j'ai évoqué mon projet de faire une école de cuisine. Faut dire aussi que je faisais pas mal de petites conneries. Aujourd'hui, mes parents sont fier·es de moi. »

« Je me marie bientôt. Sachant que nous sommes déjà pacsé·es, parent·es de deux garçons, Robin et Léo, à vrai dire, c'est un prétexte pour faire la fête. Nous sommes un groupe d'une quarantaine d'ami·es. On s'est toustes rencontré·es entre la maternelle et le collège. » Sa dulcinée, Alix, l'a rejoint en 2022 pour s'occuper de la com' du resto. « On se connaît depuis l'âge de 14 ans. Je l'avais draguée à l'époque, mais je n'avais pas conclu. J'étais trop petit, trop frêle par rapport à elle. Mais surtout, j'avoue, je venais de draguer une de ses copines, et ça ne lui a pas plu. Je me suis mis à la boxe, j'ai grandi de quelques centimètres, et elle a fini par craquer pour moi quand on s'est retrouvé·es à 31 ans, à l'enterrement du papa d'un ami commun. »

Anona – « qui est un fruit, et aussi la déesse des céréales » – existe depuis trois ans lorsque Thibaut Spiwack concourt dans *Top Chef* en 2022. « Le restaurant possédait déjà une étoile verte que le Michelin décerne aux établissements pour leur engagement social et environnemental. On alignait un taux de remplissage de 60 %, ce qui est déjà pas mal. Dès le premier jour de diffusion de l'émission, nous avons affiché complet les trois mois suivants. C'est fou, comme tremplin. Relance de *fame* un an plus tard quand on décroche un macaron, à nouveau du Guide Rouge. De six employés, nous sommes passé·es à dix-neuf. Créer de l'emploi, ça rend heureux ! »

Autour de Thibaut gravitent trois belles personnalités qui composent avec lui une symphonie gastronomique de haute volée dans le quartier *chill* des Batignolles, à Paris. « Dylan Mouly, chef de cuisine, c'est l'homme de l'ombre qui met en musique mes idées. Je mets de l'essence dans le moteur, il démarre le compteur et on prend la route ensemble. La pâtisserie est incarnée par Pierre Boré. Pro, créatif, audacieux, il est à fond et super moderne, entre chasse au sucre, respect des saisons et associations improbables… Matthieu Morvan, lui, supervise le service en salle. C'est un maître d'hôtel doux, gentil, humble. Un épicurien passionné de vins, il est top. » Et toi, mon Thithi, t'es bien au-delà encore : un géant… de 1,75 m !

Mariska Stardust

L'ICONIQUE

Elle est le stéréotype même de l'icône chaleureuse, généreuse, malicieuse, bienheureuse, de la *más bonita* iconoclaste biberonnée au cinéma d'Almodóvar. Mariska Stardust abhorre les interdits, normes, dogmes et croyances de la pensée dominante. « Mon pseudo rend hommage aux années 1960 et 1970, à la libération sexuelle, à toutes les égéries – ultra brillantes – qui se sont tapé et ont inspiré Bowie, Dalí, les Stones, Alaska, Westwood…

Dans les années 2010, le scène drag parisienne avait presque disparu, après son heure de gloire des 90's. On formait un petit groupe, avec Nomaï, Végane, Nicky Doll, Silvia, Cassie, Athéna… On s'accrochait à une passion qu'on comprenait à peine, on a dû se réinventer sans référent·es, redonner du sens à la culture drag parisienne. On a réinvesti le *Queen* sur les Champs-Élysées et, petit à petit, nous nous sommes rendues indispensables sur les dancefloors de la capitale. »

Ultime coquetterie, la *reina* féminine et féministe arbore depuis deux ans une délicate paire de moustaches – un trait graphique à la Zorro. « C'est pour moi une célébration de la dualité féminin/masculin, une forme de revendication : le drag demeure une forme d'art chargée de sens politique. De nombreuses femmes ont fait de leur pilosité faciale une force : Frida Kahlo, Angela Merkel, notre ex-première ministre, Élisabeth Borne… » L'audience explose de rire, envoûtée par ce minois de chatte sur un toit brûlant, à l'irrésistible accent ibérique qu'elle ne parviendra jamais à renier.

La légende raconte que Mariska – dotée d'une bonne quinzaine de Louboutin – ne porte qu'une unique fois ses flamboyants *outfits*. « On va dire que je me suis calmée, j'ai appris à recycler. Et aussi à emprunter. » L'histoire retiendra aussi que Mariska a été placardée, format 4 × 3, *all over the world* (hors dictatures, pour sûr), histoire de vanter le sentiment de complicité que crée la plus grande marque de sodas du monde. Sur l'affiche, en tenue strassée de danseuse de revue, coiffée d'un casque emplumé, elle trinque avec une octogénaire au soleil levant, à Santiago, au Chili.

Cet intello qui a le diable au corps – Alejandro est un kiné-ostéopathe hyper doué – en a comme personne sous le capot. Le coffre XXL de sa voix de velours sait allumer le feu à tous les coups et sur tous les tempos : folklorique comme opératique, disco comme tango. Un chant *live* de Mariska Stardust, c'est comme un shot qui enivre, un shoot qui délivre. À vous rendre addict !

Entrée

CRÈME BRÛLÉE & GAUFRE AU BROCOLI

«Trompe-l'œil *végétal*,
pour un double *régal*.»

INGRÉDIENTS
5 PERS.

Crème au brocoli
17 cl de lait
63 g de brocoli
1,5 g de sel
6,5 g de sucre
3 g de pectine X58
50 g de jaune d'œuf
1,5 g d'agar-agar

Crème crue
50 g de crème crue
2 g de ciboulette
15 g d'échalote
Sel, poivre moulu

Mélange de poivres
16,5 g de poivre fumé
3 g de baies de Timut

CRÈME BRÛLÉE AU BROCOLI

Faire cuire le lait, le brocoli et le sel à 88 °C pendant 1 heure au four vapeur pour obtenir la crème au brocoli. À défaut d'un four vapeur, faire cuire à la casserole, à petits frémissements. Laisser reposer 8 heures, puis mixer à froid au blender ou au mixeur plongeant, et passer au chinois. Ajouter le sucre, la pectine et l'agar-agar, puis porter à ébullition. Enchaîner en mettant les jaunes d'œufs, et remixer au Thermomix ou au mixeur à fond. Passer à nouveau au chinois et couler dans un plat avec du papier sulfurisé. Tailler avec un emporte-pièce numéro 8 (8 cm de diamètre).

CRÈME CRUE

Ciseler la ciboulette et l'échalote, puis mélanger tous les ingrédients. Rectifier l'assaisonnement au besoin.

MÉLANGE DE POIVRES

Mixer les ingrédients.

VIENNOISE DE POIVRE

Mixer les ingrédients au Thermomix et étaler finement entre deux feuilles guitare. Congeler, puis détailler à l'emporte-pièce numéro 8.

GAUFRE AU BROCOLI

Tout mélanger et cuire au gaufrier.

DRESSAGE & SERVICE

Placer la viennoise sur la crème brûlée, puis brûler au chalumeau. Déposer la crème crue tout du long. Ajouter une branche de brocoli sur la crème crue. Sur le côté, accompagner la gaufre avec de la crème crue.

Viennoise de poivre

8,5 g de panko

8,5 g de parmesan

8,5 g de beurre

3,5 g de farine

1,5 g du mélange de poivres

Gaufre au brocoli

½ tête de brocoli râpée

20 g d'œuf (jaune et blanc)

31 g de farine

2 g de levure chimique

31 g de crème crue

7,5 g de beurre fondu

0,10 g de sel

Décoration

1 branche de brocoli par personne

Plat

LIEU JAUNE À LA CIBOULETTE & AUX HARICOTS VERTS

INGRÉDIENTS
4 PERS.

Mélange gravlax

250 g de sel

150 g de sucre

25 g de poivre

Lieu jaune

520 g de lieu jaune

75 g du mélange gravlax

Beurre

Jus de citron

Haricots verts

6 haricots par personne

Huile d'olive

Crème de ciboulette

200 g de ciboulette

200 g de crème

2 g de sucre

3,5 g de pectine X58

1,5 g d'agar-agar

60 g de jaune d'œuf

3 g de sel

Beurre blanc & herbe à curry

Réduction béarnaise

100 g d'échalote

5 cl de vin

5 cl de vinaigre blanc

25 g de beurre

Beurre blanc à l'herbe à curry

10 g de crème

5 g d'herbe à curry

10 g de réduction béarnaise

3 g de sel

MÉLANGE GRAVLAX
Mélanger tous les ingrédients.

LIEU JAUNE
Recouvrir le poisson du mélange gravlax. Laisser reposer durant 1 h 30, puis le portionner et le ficeler. Le cuire à la minute façon meunière : au beurre, unilatéralement. Déglacer au citron.

HARICOTS VERTS
Tailler les haricots en brunoise. Faire cuire avec un filet d'huile d'olive 30 secondes à la poêle.

CRÈME DE CIBOULETTE
Faire infuser 100 g de ciboulette avec la crème durant 15 minutes. Y ajouter le mélange sel, sucre, agar-agar et pectine, et faire bouillir durant 1 minute et 30 secondes. Laisser refroidir. Ajouter les jaunes d'œufs et les 100 g restants de ciboulette, puis mixer au Thermomix à fond durant 3 minutes. Laisser reprendre et monter au batteur comme une ganache montée. Mettre en poche et réserver.

BEURRE BLANC À L'HERBE À CURRY
Faire infuser la crème à l'herbe à curry durant 15 minutes. Pendant ce temps, ciseler l'échalote et mélanger tous les ingrédients de la réduction béarnaise. Monter un beurre blanc sur la base de la réduction béarnaise (ajouter les herbes sur la réduction chaude, ajouter le beurre froid sur la réduction par petites quantités), et finir avec la crème infusée. Saler.

FINGER PÉCAN
Mélanger les œufs et le sucre. Faire chauffer le miel et le lait. Ajouter la poudre de pécan, la levure et la farine au mélange œufs et sucre. Ajouter le lait et le miel, puis, dans un second temps, le beurre fondu. Verser l'appareil sur 2 cm d'épaisseur dans un moule pour cuisson et faire cuire 10 minutes à 175 °C, puis 6 à 8 minutes après avoir fait pivoter la plaque pour obtenir une cuisson uniforme. Vérifier la cuisson avant de sortir la plaque du four. Mettre sous presse, puis au froid. Tailler bien froid en rectangles de 2 × 8 cm.

LECHE DEL TIGRE
Effeuiller et émincer l'herbe à curry. Mettre à bouillir tous les ingrédients sauf le jus de citron, et laisser infuser 6 minutes. Passer au chinois ou à l'étamine. Mixer avec le jus de citron jaune.

DRESSAGE & SERVICE
Réaliser une forme « artistique » avec la crème de ciboulette, à l'aide d'une poche à douille. Remplir la forme avec le beurre blanc. Déposer la moitié des haricots et les *fingers* pécan tout autour. Poser le lieu sur le côté. Dans un bol, placer le reste des haricots et recouvrir du *leche del tigre*.

Finger *pécan*

32 g d'œuf (jaune et blanc)

30 g de sucre

2,5 g de miel

1,2 cl de lait

9 g de poudre de pécan

1,5 g de levure chimique

40 g de farine

43 g de beurre

Leche del tigre

40 cl de lait

½ botte d'herbe à curry

2 g d'ail

2 cl de jus de citron jaune

Le zeste de ½ citron

4 g de sel

« En vert et contre tout,
a star is born.
Dans un plaisir d'océan,
sans bornes. »

Dessert

CHOCO-TRUFFE

INGRÉDIENTS
6 PERS.

Siphon vanille

15 cl de lait entier
18 cl de crème liquide
50 g de jaune d'œuf
0,33 g de vanille
24 g de sucre semoule

Glace à la noisette

18 g de noisettes
11 cl de lait entier
2,4 cl de crème liquide
220 g de blanc d'œuf
24 g de jaune d'œuf
12 g de glucose atomisé
6 g de sucre semoule
5 g de sucre muscovado

Fonds de tarte gavotte

125 g de beurre
125 g de sucre glace
125 g de farine
8 g de sel fin
70 g d'eau

Praliné à la truffe

300 g de noisettes
120 g de sucre semoule
3 g de fleur de sel
3,5 g de pâte de truffe noire

Crémeux au chocolat

6 cl de lait entier
6 cl de crème liquide
24 g de jaune d'œuf
4,5 g de gélatine de poisson
53 g de chocolat noir 75 %
12 g de sucre semoule

« *Confondante* de douceur et de légèreté, une tuile qui grille toutes les *priorités*. »

SIPHON VANILLE
Faire bouillir le lait, la crème, le sucre et la vanille ensemble. Ajouter les jaunes d'œufs, remélanger, puis mettre en siphon. Laisser refroidir. Gazer.

GLACE À LA NOISETTE
Torréfier les noisettes, puis les mixer en poudre. Cuire tous les éléments ensemble comme une crème anglaise, en remuant sans discontinuer avec une spatule jusqu'à atteindre 64 °C. Passer à l'étamine. Réserver au congélateur.

FONDS DE TARTE GAVOTTE
Faire fondre le beurre. Mélanger toutes les poudres ensemble. Ajouter l'eau et le beurre fondu. Couler en cercles d'une dizaine de centimètres de diamètre sur un tapis de cuisson ou sur un moule en silicone. Cuire à 170 °C pendant environ 14 minutes.

PRALINÉ À LA TRUFFE
Réaliser un caramel à sec en faisant chauffer le sucre. Ajouter les noisettes et la fleur de sel. Mixer le praliné avec la pâte de truffe.

CRÉMEUX AU CHOCOLAT
Faire bouillir le lait et la crème liquide avec le sucre. Ajouter le chocolat noir et le faire fondre. Hors du feu, ajouter les jaunes d'œufs et la gélatine. Laisser prendre au froid.

DRESSAGE & SERVICE
Dans les fonds de tarte gavotte, déposer le crémeux au chocolat, puis le praliné, et la glace à la noisette. Recouvrir avec le siphon vanille.

BIENNE
UYOUTTE

FABIENNE YOUYOUTTE + *Mystic Eclectic*

présentent

PERLES DES *Caraïbes*

What did you expect? Que ça s'improvise, de subjuguer les papilles et les pupilles ? Quand l'une pâtisse ou turbine des glaces, la seconde défile ou danse le *voguing*. Au carré, millimétrée, la maîtrise de leur art ne tolère que la perfection. Pour la Guadeloupéenne Fabienne Youyoutte comme la Martiniquaise Mystic (réunies au *Paname Brewing Compagny* à Paris), nulle autre option que celle de se hisser au sommet. Celles par qui le désir arrive n'ont qu'une mission : vous séduire et vous flanquer le frisson. Succombez à l'extase de leur savoir-faire, ce n'est pas demain la veille que vous retrouverez pareille sensation.

FABIENNE YOUYOUTTE

LA PERFECTIONNISTE

«J'étais cheffe de rayon, puis de département dans la grande distribution. Je travaillais d'arrache-pied, je gagnais très, très bien ma vie. Mais je n'étais pas satisfaite. Les grand·es pâtissier·es de Métropole me faisaient rêver. Brûlait en moi l'envie de créer.» Bien lui a pris de saisir un congé de formation, et Fabienne Youyoutte s'en est retournée sur le chemin de l'école à 26 ans, en mode intensif accéléré, pour deux ans de boulangerie-pâtisserie, glacerie, confiserie et chocolaterie. Elle est ensuite retournée dans la grande distribution, avant de se faire débaucher par un certain Kayser, qui lui a proposé de devenir reponsable qualité.

«Je voulais tout comprendre, tout maîtriser, sans savoir ce qui m'attendait. Je me disais: "Tu es un voilier, tu es sur l'océan, laisse-toi porter par le vent."» Fabienne déniche en 2004 un local bien placé, chemin des Petites-Abymes, à Pointe-à-Pitre, qu'elle baptise *Les Désirs du palais*. Les pâtisseries y sont de la plus haute volée, mais là où les locaux·ales sont sidéré·es, c'est autour de ses glaces et sorbets, qui valorisent avec une fulgurance comme nulle autre le terroir, *aka*, comme on dit en Gwada, «produits péyi-produits saison.»

Canne à sucre, corossol, kilibibi, manioc, fruit à pain, abricot pays (zéro rapport avec sa version européenne), pomme malacca ou de la variété liane, tamarin, barbadine, quenette, giraumon, patate douce... Autant de parfums insensés qui côtoient des saveurs plus familières comme papaye, mangue, fruit de la passion ou coco porté·es à leur acmé gustatif. Fabienne repousse les limites de l'extrême avec un sorbet médicinal à base de moringa, elle excelle dans le sans-lactose et va jusqu'à oser une glace à la Guinness (qui fait un carton). «La mise au point d'un parfum peut me prendre cinq ans. Je suis tellement exigeante avec moi-même. Je préfère patienter que décevoir.» Un talent sans précédent, empreint d'une humilité à vous serrer le cœur.

«Mais c'est qui, celui-là?» Ainsi parlait-elle jadis de moi. «J'étais choquée que tu sois si dithyrambique au sujet de mon travail. Je me disais: "Il est fou, ce journaliste culinaire. Je ne fais rien de spécial !" Il s'avère que tu as été le premier à croire en moi, me qualifiant de "surdouée du sucré". Puis, dans un second article, tu m'as propulsée parmi les quatre plus grand·es artisan·es glacier·es français·es, aux côtés de Raymond Berthillon à Paris, Pierre Geronimi en Corse et François-Xavier Cathala avec *La Martinière* sur l'île de Ré. Tu m'as présentée aux sommités de la profession. Mon chouchou, tu es l'étincelle.» Et toi, ma chouchoute, la dynamite.

Mystic Eclectic

LA MAGNÉTIQUE

Originalité déroutante, piquante et réjouissante, dès qu'il se raconte en version drag, Nicolas se conjugue à la troisième personne… Tant qu'à faire ! « Mystic est une drag très colorée, qui représente les femmes racisées – un soupçon de chaleur et une touche de prostitution en plus. » Soupçon ? Touche ? Elle est bonne, celle-là ! C'est une *bad girl* dans toute sa splendeur, un parangon de féminité au *climax* du sex-appeal. Mais sans une once de trash, un angström de vulgarité. Mystic est tout simplement l'incarnation du péché originel, d'une innocence diablement coupable, et personne ne saurait lui résister : femmes, hommes, *in-between and so on*… Chacun·e, pour d'excellentes raisons, est happé·e par sa sculpturale beauté, son envoûtante singularité et son aura indéniable.

La garde-robe de la queen – des créations maison – est radine en tissu, inversement proportionnelle à la demi-tonne de générosité qu'elle déverse sur scène. « *Backstage*, je suis très stressé. Et puis, pouf ! Sitôt les *sunlights* braqués sur moi, *when the music starts*, Mystic prend le pouvoir et donne tout sans compter. »

Également connue sous le nom de Mystic Balenciaga ou – retenez votre souffle – Legendary Paris Mother de la Kiki House of Mermaids, l'athlétique déesse s'avère depuis dix ans une créature incontournable de la scène *ballroom* française – catégories *Runway* –, dont elle n'a de cesse d'élever le niveau et de le défendre. « J'ai la volonté de visibiliser les identités queers et trans caribéennes et afrodescendantes en France, en célébrant des héritages trop souvent marginalisés, à travers une expression artistique audacieuse et profondément politique. »

Entre récits incarnés et stylisations radicales, cet oiseau de Martinique revient de loin : « L'art m'a sauvé. Se sentir marginalisé·e sur sa propre île, rejeté·e quand on débarque en Métropole, ça exige de puiser en soi, de réveiller une force qu'on ne soupçonnait pas. La découverte de la communauté *ballroom* a été un vrai tournant. J'y ai trouvé un espace où je pouvais m'exprimer librement, sans jugement. Un *safe space*, mais aussi un lieu de révélation où j'ai commencé à mieux comprendre qui j'étais dans toute ma complexité. »

En s'inscrivant dans cette dynamique de déconstruction, Mystic/Nicolas a trouvé ses repères, qui l'ont mené·e à faire du drag. « Ça a été un vrai coup de foudre il y a trois ans. Beaucoup grâce à toi, petit papa. J'ai immédiatement eu une connexion avec cette forme d'expression puissante et libératrice. Aujourd'hui, c'est devenu une part essentielle de moi. » Préparez-vous à son règne, la solaire Mystic va toustes vous irradier, corps et âme. Pour ma part, vous l'aurez compris, c'est chose faite depuis longtemps.

« De la glace à la *bière* pour commencer.
Et plus encore pour vous *enivrer* ! »

Entrée

GLACE & GELÉE À LA GUINNESS

INGRÉDIENTS
1 LITRE DE GLACE

Glace à la Guinness

1 l de lait entier

100 g de lait en poudre 0 %

80 g de sucre

120 g de glucose atomisé

10 g de crème à 35 % de matières grasses

14 cl de bière Guinness

Gelée de Guinness

30 cl de bière Guinness

75 g de sucre

4 feuilles de gélatine

6 fois le poids de la gélatine en eau

Garniture (optionnelle)

Rose des sables au chocolat

GLACE À LA GUINNESS
Faire chauffer le lait. Quand il atteint 25 °C, ajouter le lait en poudre, le sucre, le glucose atomisé, et la crème en dernier. Pasteuriser l'ensemble à 85 °C. Mixer le tout et faire refroidir à 4 °C. Ajouter la bière et passer à la turbine à glace. Réserver au congélateur.

GELÉE DE GUINNESS
Hydrater les feuilles de gélatine dans l'eau, puis les faire fondre dans la bière et le sucre. Verser le mélange sur une plaque et placer au congélateur jusqu'à ce que ça fige. Découper ensuite la gelée en dés de 0,5 cm de côté. Réserver au congélateur.

DRESSAGE & SERVICE
Former des boules de glace à la Guinness à la cuillère à glace et les placer dans un verre à cocktail. Parsemer de dés de gelée à la Guinness. Si on le souhaite, accompagner d'une rose des sables au chocolat.

PANAME

Plat

SANDWICHS À LA CHIQUETAILLE DE MORUE

INGRÉDIENTS

5 PERS.

Pains viennois

100 g de farine T65

5 cl d'eau

6 g de lait en poudre

6 g de sucre semoule

0,6 g de levure

15 g de beurre

2 g de sel

1 jaune d'œuf

Chiquetaille de morue

100 g de morue

40 g de persil

4 g de piment végétarien

4 g d'oignon

2 g d'ail

4 g de cive

6 cl d'huile

1 trait de jus de citron

Garniture

Salade

Tomates

PAINS VIENNOIS

Mettre tous les ingrédients sauf le jaune d'œuf au frasage dans un robot, 5 minutes en vitesse 1, puis 7 minutes en vitesse 2. Laisser pointer pendant environ 1 heure. Peser 5 pièces d'environ 60 g. Mettre en forme de navettes et laisser détendre environ 30 minutes. Puis, au couteau, entailler le dessus des navettes et laisser gonfler environ 1 h 30. Badigeonner le dessus des navettes avec le jaune d'œuf. Enfourner à 180 °C pendant environ 12 minutes.

CHIQUETAILLE DE MORUE

Faire bouillir la morue pendant 10 minutes afin de la dessaler, puis l'égoutter. La laisser tremper dans de l'eau froide pendant 5 minutes, puis l'égoutter à nouveau. L'émietter finement. Hacher toutes les épices et mélanger tous les ingrédients dans un saladier pour obtenir la farce des sandwichs.

DRESSAGE & SERVICE

Ouvrir les pains viennois dans leur longueur et y disposer quelques feuilles de salade et quelques tranches de tomates. Étaler la chiquetaille de morue par-dessus et refermer les sandwichs.

« Un casse-croûte de la *Guadeloupe*...

... pour un encas qui vous *chaloupe* ! »

CŒURS FINANCIERS NATURE, FRAISE & CHOCOLAT

INGRÉDIENTS
10 PERS.

Pâte à financiers nature

27 g de blanc d'œuf
31 g de sucre
19 g de poudre d'amandes
0,5 g de trimoline
13 g de farine
0,3 g de levure
25 g de beurre
1 g de vanille

« Méli-mélo de *gourmandises*, *à tremper* à votre guise. »

Pâte à financiers fraise

27 g de blanc d'œuf
31 g de sucre
19 g de poudre d'amandes
0,5 g de trimoline
13 g de farine
0,3 g de levure
25 g de beurre
3,5 g d'arôme de fraise

Pâte à financiers chocolat

27 g de blanc d'œuf
31 g de sucre
19 g de poudre d'amandes
0,5 g de trimoline
13 g de farine
0,3 g de levure
25 g de beurre
6 g de poudre de cacao

Garniture (optionnelle)

Pâtes fruitées (patate betterave, abricot...)
Pousses de menthe

FINANCIERS NATURE
Mélanger tous les ingrédients sauf le beurre. Faire fondre ce dernier et l'incorporer ensuite au mélange obtenu.

FINANCIERS À LA FRAISE
Procéder de la même manière que pour les financiers nature.

FINANCIERS AU CHOCOLAT
Procéder de la même manière que pour les financiers nature.

CUISSON
Verser les pâtes dans des moules à financiers ou dans de petites formes au choix. Enfourner à 165 °C pendant 10 minutes.

DRESSAGE & SERVICE
Présenter les financiers avec des quenelles de pâtes fruitées (patate betterave, abricot...) et des pousses de menthe.

FABIENNE
YOUYOUTTE

REMERCIEMENTS

À Paloma/Hugo Bardin et Christopher Davin pour avoir allumé le feu.

À BB, *aka* Betül Balkan, qui m'a suivi à la première seconde.

À Cristina Córdula, ma chérieeeeeee, qui me donne l'impression que c'est moi la star.

À toustes les KingChef·fes qui m'ont dit « GO ! », et aux cinq absent·es (pour différentes raisons), au soutien indéfectible : Vanessa Robuschi (qui a essuyé tous les plâtres), Jacques Maximin, Guy Savoy, Jacques Genin et Jean-Luc Tartarin (récemment disparu, mes plus tendres pensées à Annabelle).

À toutes les DragQueens de cet ouvrage, comme toutes celles qui n'en sont pas, en particulier les artistes qui m'ont honoré de leur présence sur scène à mes dîners-spectacles. Prions pour que l'on fasse un carton, pour vous mettre à l'honneur dans les volumes II, III… *and so on.*

À Patrick Gourvennec pour m'avoir relu et embelli de sa plume hardie.

À toustes venu·es festoyer au *musical* gastronomique de KingChefs & DragQueens avec toute ma *dream team* : Mumu Arfi et Gwen' Fritsch, Jean-Sébastien Tisserand, Renata Souto et Jannike Sommar, Flora Nioré, Fafa Afiri, Angie, Mao et Pascal Morel, les Lambert père et fils, Fred' Devanlay, Nelson D'Araujo, Alexandros Ioannidis, Maëva Lième, François Loock, Jean Ranobrac et Sarah Witt, Simone Cristofaro et Théo Marechal, Ali Zalzali, Esther et Joshua Clément, Claire Richaud et Fred' Papelard, Sanah Hassan et Ines Ahachad.

À mon So, mon Cha, ma Nes, ma Miss Chiffonnette et mon Bro Eyalito, mes Tomaten, ma Sista et mes Belles-Sistas, mes Beaufs, mes 13 Neveux et Nièces, mon Filleul, nos Soiz et Nini, nos Seb et Polo-Polo, nos boulangers de Saint-Armel, et bien sûr, notre Mamidi (avec mon Croc Pour Toujours).

À mon Nono Collin et nos soirées mémorables dans les 90's avec les premières drag queens au *Queen* ou à la piscine Deligny.

Et pour finir, un *OVER THANX* à l'équipe *absolutely fabulous* des Éditions First, incarnée par Cyrielle Londero-Gobry, Marine Bourasseau, Nikyta Madeira, Lisa Magano-Benziane, Nolwenn Meignen et Mélik Menacer.

Du *love*,
Philippe Quintin-Stern

Je tiens à remercier chaleureusement les chef·fes et leurs équipes pour leur accueil, le temps et la confiance accordé·es dans nos idées, parfois un peu folles.

Merci aux queens pour leur incroyable créativité ; merci pour le message de tolérance et les luttes qu'elles portent chaque jour avec fierté.

Toute ma gratitude va également à l'équipe Pride First pour sa gentillesse, sa bonne humeur, sa disponibilité tout au long de cette aventure.

Merci à Maud, pour son aide précieuse sur les séances, qui me permet de me concentrer sur l'essentiel.

Et enfin – mais surtout – un immense merci à Philippe Quintin-Stern de m'avoir embarquée dans ce projet aussi audacieux qu'enthousiasmant. Merci pour la confiance, la folie et les rires, mon Philippe.

Betül Balkan

Crédits

RÉUNION AU SOMMET L'incandescente Norma Bell hisse haut et fort le trio coloré de son île de la Réunion, avec cette *sexy dress* dessinée par ses soins et réalisée par Pipa just Pipa.
L'île de la Réunion a élu domicile à Paris (d'autres grandes villes à suivre) sous l'impulsion du chef Rodrigue Barcilon et de ses deux acolytes, Justin Arnal et Clément Fraisse.
Oté, 46, rue Jean-Pierre Timbaud, Paris 11e.

LE ROUGE & LE NOIR L'iconique Cookie, dans un rouge flamboyant et gourmand, gère à tous les niveaux, s'occupant en personne de son stylisme et du coiffage de ses perruques.
Le pâtissier prodige, qui donne aussi des *masterclass*, compte quatre adresses où se régaler sur tous les tons et en toutes saisons.
Jeffrey Cagnes, 73, rue Montorgueil, Paris 2e – 1, boulevard de la Madeleine, Paris 1er – 24, rue des Moines, Paris 17e – 11, rue Henri Barbusse, Levallois-Perret.

ASIE FANTASY La mezzo-soprano Madame Wasabi la joue *casual-chic-tradi* avec cet ensemble veste et jupe kimono Kasuri, chez Ikian.
Depuis sa micro-cuisine, Lise Deveix confectionne des assiettes d'une classe absolue aux produits locaux de premier rang ou dans le meilleur de l'Hexagone.
Sardanac, 17, rue Saint-Blaise, Paris 20e.

LA REVANCHE DU 9.3 *Au pays de Candy* remasterisé par Soa de Muse dans un look rose « Chantilly » signé par la géniale créatrice Jannike Sommar. Perruque par Shei Tan.
De leur 9.3 assumé, la cheffe Alice Di Cagno et le chef Victor Gaillard envoient des assiettes d'une élégance savoureuse plus *made with love* tu meurs dans leur restaurant avec jardin au beau milieu des tours.
Isolé, 7, rue de Rosny, Montreuil.

ACTION, RÉACTION! Freya la belle rebelle a « *custom* sa robe solo » selon ses propres mots. Tout comme sa *wig*.
Dans son restaurant au charme brut comme elle, la cheffe autodidacte, engagée et écoresponsable Bérangère Fagart fait rêver en version originale.
Sélune, 37 bis, rue de Montreuil, Paris 11e.

LA GLACE & LE FEU Plus glamour que jamais, la reine Paloma dans une robe fourreau à la Jessica Rabbit par le surdoué *costume designer* Aymerick Zana. Perruque par Christophe Mecca.
Cap sur le Marais de la capitale, avec la cheffe Manon Fleury et sa cuisine à couper le souffle de beauté et de radicalité dans un décor qui fait la part belle au tandem bois-pierre.
Datil, 13, rue des Gravilliers, Paris 3e.

LA VI(LL)E EN ROSE La fulgurante Lova Ladiva se pose là, en délicieuse maîtresse de maison, dans une robe sur mesure d'un bleu électrisant signée DBA Couture.
Michel Sarran, monstre sacré de la cuisine du Sud-Ouest, est un chef qui se délecte à l'idée de nous faire voir et déguster la vie en rose de son établissement qui tient plus de la belle maison (de maître).
Restaurant Michel Sarran, 21, boulevard Armand-Duportal, Toulouse.

LONDON-ZAGREB La fille de l'Est *aka* Le Filip en *playmate* salue son styliste Mathis Laurenceau et son coiffeur Julien Parizet.
Un immense merci au ***Café Français***, 1-3 place de la Bastille, Paris 4e, qui a reçu sur un plateau d'argent le *private chef* Gaston Savina, en attendant l'inauguration à la *City* de son premier restaurant dans le quartier de Notting Hill.
Cépage[s], 69 Westbourne Park Road, Londres.

THE BUTCH AND THE BITCH Inspiration disco avec cette tenue signée et cousue main par Sublyme *herself*. Bijoux par Nicolas Deschaux.
La super queer Julia Sedefdjian, qui reste la plus jeune cheffe étoilée de France au Michelin, et sa maestria méditerranéenne se savourent Rive gauche dans son restaurant enchanteur.
Baieta, 5, rue de Pontoise, Paris 5e.

BIENVENUE CHEZ LES DINGOS! *Everybody wants to be a butterfly* par cette folle furieuse d'Alice Psycho dans une robe sur mesure du créateur argentin Leo Peralta. Perruque par HitsuBlu.
Dans la famille sept péchés capitaux, déjà trois adresses à se damner par le chef Eloi Spinnler, équipé de son harnais à couteaux sur mesure signé Aesma Harness.
Orgueil, 6, rue Popincourt, Paris 11e – ***Colère***, 39, rue Richer, Paris 9e – ***Envie***, 148, rue du Temple, Paris 3e.

MINOTS MILLÉNIAUX La garde-robe de la *reina* Mariska explose de partout, sans parler de son placard à talons aiguilles qui compte une bonne quinzaine de Louboutin. Perruque par Antoine Wauquier.
D'un talent insolent, le chef Thibaut Spiwack aligne des recettes de haute volée dans une ambiance *chill* et chic.
Anona, 80, boulevard des Batignolles, Paris 17e. À deux pas, au dernier étage d'un immeuble de toute beauté, un loft à tomber pour dîners privés.

PERLES DES CARAÏBES La court-vêtue Mystic se débrouille généralement toute seule côté *outfits and wigs*, sachant que « Ritchy Cobral de la Vega m'aide parfois », précise la sculpturale caribéenne.
Over thanks au ***Paname Brewing Company***, 41 bis, quai de la Loire, Paris 19e, qui a accueilli open bar la surdouée cheffe Fabienne Youyoutte, dont le *flag ship* en Guadeloupe se nomme ***Désirs du Palais***, 53, chemin des Petites-Abymes, Pointe-à-Pitre.

Index des ingrédients

A

B

C

D

E

F

G

H

J

K

L

M

N

O

P

R

S

T

V

X

L'AUTEUR

Philippe Quintin-Stern est journaliste depuis presque trente ans dans la culture, la décoration, le *lifestyle* et la gastronomie. Il collabore actuellement à *Têtu*.

Avec son beau carnet de chef·fes, il séduit il y a sept ans la nouvelle génération d'artistes drag queens et la réunit autour de son rêve : renouer avec la tradition du Gai Paris des Années folles avec des dîners-spectacles nomades et hors du commun.

Doté d'un flair certain, il a repéré et engagé de nombreux talents (Paloma, Keiona, Norma Bell…) couronnés Reines ou Miss Sympathie par la franchise française de *RuPaul's Drag Race*.

Avec KingChefs and DragQueens, Philippe Quintin-Stern est devenu producteur de spectacle vivant. Pianiste-mélodiste, il compose et écrit pour ses muses. Membre du Centre national de la musique, il a lancé un label indépendant de musique, KCDQ.

La photographe

Betül Balkan est une photographe évoluant dans les domaines de la gastronomie, de l'art et de l'artisanat. Son travail met en lumière l'engagement et le savoir-faire de personnes passionnées, ainsi que leurs créations, que ce soit au travers de reportages ou de mises en scène.

Achevé d'imprimer en France en septembre 2025 par Pollina